偶戏

【中国民俗文化丛书】

刘魁立 张旭 主编
王馗 著

中国社会出版社

中国民俗文化丛书编委会

序

中国民俗学会理事长　　刘魁立

人生活于文化之中，正像人离不开空气一样。《周易》说："观乎天文，以察时变；观乎人文，以化成天下。"无论汉语"文化"一词是否由此而来，这段话至少说明，我们的祖先向来对文化的重要性有十分清楚和极其深刻的理解。文化确乎是人之所以成为人、人类之所以成为人类的根本标志。人创造了文化，文化也创造了人，从这个意义上也可以说，人是文化的动物。

从文化本身来说，相当长一段历史时期的传统文化可以粗略地、也是相对地划分为两大分流，即所谓上层文化（或称高层文化、雅文化、精致文化……）和下层文化（或称基层文化、底层文化、低层文化、民间文化）。

民间文化是人民群众创造的最古老的文化，因为它的根源可以追溯到人类发展的初始阶段；民间文化同时也是最年轻的文化，因为它仍然活生生地存在于人民的日常生活和口碑之中。民间文化还是整个社会文化的基础，并且具有极强的生命力。上层文化往往是对民间文化选择、改造和精致化的结果。

民间文学、民间艺术是民间文化中最富色彩的一个组成部分。它在人类创造的一切艺术中，生命最活跃，涉及最广泛。它以古朴纯真的艺术手段，反映着人民群众的现实生活、理想和追求。它的无数珍品，是当之无愧的美的典范。没有了它，人类将失去多少童真的回忆；没有了它，人类的爱祖国、爱家乡将会缺少多少实际可感的具体内容；没有了它，人类的欢乐、悲伤也将变得干枯而平淡；没有了它，人类将会失掉多少生活的甘美和幽默……

万家社区图书室援建和万家社区读书活动，是建设社会主义文化和建设社会主义新农村的一项战略举措。我们，作为受到农民兄弟哺育和培养的知识界、文化界，有义务用学来的知识回报衣我食我的父老乡亲，这不仅是我们的社会责任，也是我们的荣耀。

中国民俗学会在这项重要活动中，承担有关中国民间传统文化的约50种图书的撰写工作，我们组织了学养很高的，包括大批教授、研究员在内的专家队伍，来完成此项写作任务。他们在相关领域里，学有所长，业有专攻，所有作者都以光荣志愿者的精神，以科学严谨的态度，用生动活泼的文字，把相关的准确而丰富的知识，呈献给农民兄弟和城镇社区的读者。完成这项具有重要意义的写作编书任务，是我们人生当中一件值得骄傲、值得自豪的事情。

中国民间文化是世世代代锤炼和传承的传统文化，其中凝聚着民族的性格、民族的精神、民族的真善美，是中华民族彼此认同的标志，是祖国同胞沟通情感的纽带。历史悠久、内涵丰富的传统文化也是我们中华民族对人类文化多样性发展的巨大贡献。急剧变化的时代在淘洗着传统的民间文化。在当今时代，我们尤其有必要对我们丰富淳厚、历史悠远的民俗传统立此存照，将其中的优秀部分及其真谛展示给广大民众，使他们对中华大地、对祖国同胞、对优秀的文化传统和淳厚的民俗民风怀有更深刻的眷恋、热爱和崇敬。继承和发扬中华民族创造的非常丰富而优秀的非物质文化遗产和民族精神，是我们的幸事，也是我们的历史责任。

我希望在大家的共同努力下，民间文化之花越开越鲜艳，为我们祖国、为我们中华民族赢得一个永恒的春天。

目录

前言
在“偶”与“人”之间

偶戏，是普遍存在于世界各地的艺术样式，是戏剧艺术的一种特殊形态。世界各国的偶戏艺术，大体都经历了从宗教色彩较为浓厚的祭祀演剧向娱乐戏剧演变的过程。这种“随人举动多牵挂”乃至借助外力操作而展现出来的戏剧样式，最初来自于先民对偶像的崇拜，后来逐渐地在神坛祭祀的光环中，被赋予了俗世人情，并在世界各地衍生出丰富多彩的艺术表现形式，成为人们喜闻乐见的戏剧欣赏方式。

意大利戏剧学家弗利尼在《偶人的历史》一文中，对尼罗河流域的古埃及傀儡戏，作了历史探索，他提出的“祭司们拨动巨大的偶像的手足，以诱导大众之盲目的信仰”[①]，呈现出宗教崇拜对于偶像的生命赋予。而在古希腊的多神教时代，大量的偶像崇拜促成了古希腊戏剧的进一步发展。在著名的古希腊历史学家希罗多德的描述中，就有祭司肩负神偶，在乐声中进入祭场，用戏剧歌舞来娱乐神人的记载。他所记录的酒神——迪奥尼索

---

① 参见董每戡：《〈说“傀儡”补说〉》，见《说剧》，43页，人民文学出版社，1983年。

思——的偶像，在狂欢庆典中，不断地被喧闹笑乐，以表达祈求丰收的祝愿。这正是古希腊喜剧重要的艺术呈现和功能表达。

而在亚洲的两河流域、印度半岛、黄河流域等区域，偶像的出现同样伴随着先民心灵信仰的进程。特别是古代印度，早在公元前五世纪的佛陀时代，偶像的制作技艺就已经非常高明。在《生经》、《杂譬喻经》等佛教经典中，"机关木人"的制作已经脱离了一般人形神偶的雕饰，而能够屈伸自如、举动若人，并能够引发观看者的喜怒哀乐。不但如此，这种被赋予了生命的机关木人，还能够"行走腾跃"、"跳掷戏舞"，呈现诸多的技艺表演，具备了成之为戏剧的主要组成要素。例如在佛教的《妙法圣念处经》中，就记录着"譬如乐主，捻弄木人，须假线丝，方成作用"[①]。本书关于偶戏在汉唐之间的历史发展以及偶戏与佛教关系的观点，引自该文的部分论述，谨致谢意，凡征引该文关于佛教的内容均不再出注。这种依靠着线丝牵引和乐人操弄的木人，正是后世经常见到的提线木偶。

佛教经典对偶戏的纪录，随着佛教在东亚地区的流播而不断地被不同地域的文化所接受，那些机动灵活、如幻如真的偶像，以及他们在人手操纵下变现出来的种种感动人心的戏剧场面，不断地提升着这些地区的偶像制作水平，并促使偶戏艺术得以形成。特别是汉译佛经的传播，使神奇的偶戏，负载着以"镜像水月"为譬喻的佛教哲学思想，成为中国汉代以来对宫廷和民间影

① 上述引文分别见地婆诃罗译：《大乘显识经》卷上；法天译《妙法圣念处经》卷6。参看康保成：《佛教与中国傀儡戏的发展》，《民族艺术》，58—72页，2003年第3期。

响至深的戏剧样式，不断地推动着中土传统偶像艺术的制作工艺和表现内涵，并且在不同的地区催生出更加多样和灿烂的艺术品种，甚至远播到周边地区。

例如在朝鲜文献《文献通考》中，记录了公元七世纪中叶通过战争进入朝鲜的中国傀儡戏。在日本文献《本朝文萃》中，则记录了公元八世纪末、九世纪初期宫廷演出的傀儡戏。到公元十二世纪中后叶，大江匡房的《傀儡子记》中，作者则把那些居无定址的流浪艺人所操纵的傀儡子，以及他们演出的“舞木人斗桃梗”的戏剧表演，称之为“天下之一物也”，给予了很高的赞誉①。至今传承于朝鲜的“郭秃阁氏剧”（或称朴佥知剧、洪同知剧）②和日本的木偶净琉璃，正是上述偶戏历史的遗留。而在东南亚地区，南传佛教和中国佛教影响下的广大地域，则接

日本古典文献中的偶戏表演

日本古典文献中的偶戏表演

① 唐月梅：《日本戏剧》，8—9页，上海三联书店，2006年。

② （韩）李杜铉：《韩国演剧史》，168页，中国戏剧出版社，2004年。

日本歌舞伎《道成寺》

缅甸舞蹈

受了多元的偶戏艺术，形成了品种繁多的偶戏样式，如缅甸的提线木偶、越南的水傀儡等。这些偶戏样式，或者是“礼失求诸野”的文化遗存，或者与中国传统文献记载保持一致，都在印证着偶戏不断发展和变异的存在轨迹。至今拥有旺盛生命的偶戏，成为不同民族族群个性的典型代表。当然，也正源于偶戏在娱神、娱人的民俗生活中所担当的重要职责，偶戏丰厚的艺术经验，也成为人表演的戏剧不断发展的艺术资源。中国古典戏曲艺术，如梨园戏、莆仙戏、高甲戏等剧种，日本能乐、歌舞伎的唱做表演，以及东南亚地区的民间歌舞，都附带着浓郁的偶戏特征，显示出偶戏对东亚艺术的深厚影响。

偶戏源远流长的发展历史，见证了人类认识自然、认识社会、认识自己的历程。古老的偶戏表演，至今延续着人类感知世界的童心和稚气。当然，人类不断发展而成熟的机巧和智慧，也同样把这种偶像戏剧，臻于与人之善巧无异、与造化同工的艺术境界。偶戏的发展历史和地域变异，折射出人与偶彼此借鉴、相互创造的戏剧思维，在偶的形体呈现中不断地传达出人的理想和期许；而在人的技艺提升中，也不断地深化着偶戏的文化内蕴。因此，千百年来，不同国度、不同种族的人们，在面对这份丰厚的传统遗存之时，也不断地强化着人与偶、人与外部世界的和谐共处。这正是戏剧之于人生的终极命题。随着科学技术手段的不断提高，传统偶戏也借助电影、电视等现代媒体技术，不断地获得发展，许多以传统偶人为主角的木偶影视剧，不断地成为人们娱乐生活中的新宠，不断地超越着既往的技艺水平。今天，在多元的文化时代中，不论是具有浓郁传统风味的偶戏，还是经过现代技术提升后的偶戏，无不实践着这一古老的戏剧传统，这正是需要努力珍视的。

美国木偶电影《骷髅新娘》

2001 年，联合国教科文组织宣布的“人类口头与非物质遗产代表作”中，就有代表中、西方偶戏的日本木偶净琉璃文乐、意大利西西里木偶剧，显示出偶戏这种独特的戏剧艺术

日本木偶净琉璃《倾城阿波鸣门》，引自《日本戏剧》

的深远魅力。偶戏艺术千百年来积累起来的艺术经验和审美风范，作为人类共同的遗产，得到世界各国人民的珍视。这不但有利于民族文化传统的合理保护，也同样对传统艺术的合理建设提出更多、更高的要求。

需要说明的是，“偶戏”一词本身具有丰富的内涵。基于“偶”的材质，如土、木、纸、面粉、金属，乃至人的偶化，都有不同的文化渊源；而“戏”的内涵，则从“游戏”到“戏剧”、“戏曲”，在不同文化区域具有各异的理解。因此，“偶戏”概念，从广义而言，实际是各种偶像的戏剧化，人类历史上出现的木偶戏、皮影戏、面具戏，乃至各种拟人化、拟物化的戏剧装扮，均可以纳入其中。同时，“偶戏”还有狭义的内涵，即专指木偶戏。这不但表现在“木偶”一词早在先秦时期就已出现，而且也表现在古代典籍多将“木偶”等同于“傀儡”。特别是出现在清代早期的文献，如《八旗通志》、《(雍正）朱批谕旨》中出现的宫廷皇族观看“偶戏”①、闽南地区“演唱偶戏②”的记载，“偶戏”均特指人操纵木头偶像而形成的戏剧样式。本书所称的偶戏，正取用狭义之解，主要为了呈现中国偶戏在历史发展过程中积累而成的文化艺术遗产。

---

① 《钦定八旗通志》卷137，《景印文渊阁四库全书》第666册，218页，台湾商务印书馆，1986年。

② 《世宗宪皇帝朱批谕旨》卷13上，《景印文渊阁四库全书》第417册，17页，台湾商务印书馆，1986年。

第一章

偶戏的历史

偶与装扮戏剧的生成

和其他文明古国的偶戏一样，中国偶戏最初也来自于对偶像的崇拜。

中国现存最早的偶像雕塑，出现在辽宁东沟县（现东港市）三家子村后洼屯东的新石器时代遗址中。在该遗址最底层的石器、玉器和雕塑器物中，置放着不少用陶器制作的人头像和动物头像；特别是他们的底部或者一侧都塑有小孔，据推测是为了佩戴的便利。由此看来，这些距今6000年前的偶像，不论是用作装饰，还是用来辟邪，不论是用来崇拜还是用作祭祀，都是先民心目中珍贵而神圣的对象，他们与置放在一起的石器、玉器等器物，具有同等重要的地位。

而在众多的文物考古实物中，人形偶像更多地出现在墓葬中，这类偶像在古代即是专门用作陪葬的“俑”。河南安阳殷墟曾经出土了三件带枷的奴隶陶俑，展现了商代（公元前16世纪初-公元前11世纪）后期的偶像特征。这是墓葬偶人的最早实

晋城市博物馆馆藏明隰川王家族墓俑

例。到了春秋战国时期的墓葬中，则比较多地出现侍女、仆隶、武士等形象的偶人。例如湖南长沙仰天湖楚墓、常德德山楚墓、河南信阳长台关楚墓、四川战国墓等，均有此类土、木偶人的实物。特别是信阳楚墓中的女俑，还装有假发，个别手腕甚至可以转动，显示出更加真实的人形效果。而湖南长沙左家公山战国晚期楚墓出土的木制乐俑，虽然人体轮廓较为粗浅，但是他们站立坐卧的体态和手拿乐器的姿势，很传神地再现了乐人演奏时的状态。在秦代后期，秦始皇兵马俑的精美造型，成为汉代以前偶俑制作技艺的最高成就。

汉代以来，俑偶摆脱了简单人形的刻镂，较多地通过机关牵掣等手段，使偶俑具有行动的功能。例如湖南长沙马王堆西汉墓中出土的歌舞乐俑，不但体态、神情各有特色，而且类如吹竽俑、鼓瑟俑等偶人的手臂、手腕，都是采用单木另雕；山东莱西县岱野村汉墓出土的大木俑，高达 193 厘米，其肢体用 13 段木条组成，四肢关节均可以活动。

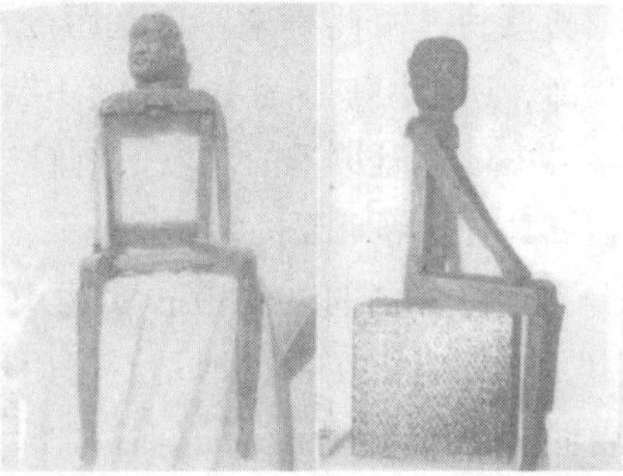

山东出土的汉代偶人　傅起凤供图

而汉景帝阳陵出土的裸体陶俑，实际上已经通过活动的木制上肢，来显示偶人的生命特征。尤其是这些裸体陶俑实际上在随葬时穿着皮制铠甲，这也让人能够感到当时偶俑在制作工艺上的一些写实特点。当然，这些偶俑的出现，无一例外，比之于前代的偶俑制作，都可以算做划时代工艺了。

上述偶俑的结构变化，正是中国偶像制作工艺不断发展的证明。这为偶戏的产生和发展，奠定了坚实的物质基础。在这个进程中，偶俑附属于丧葬礼仪的功能特征，也为它增加了更多的禁忌和功能性的要求。偶人殉葬的风俗广泛存在于世界各地，作为奴隶社会中使用奴隶殉葬风俗的一种遗留。其内在的文化根源，与社会制度变迁、文明程度提高等因素，均有所关联。而中国偶俑的使用，同样也是人们在社会不断进步的前提下，对既往习惯，如奴隶社会中的活人殉葬行为的变相坚持。《礼记·檀弓下》记载了孔子曾经对陪葬冥器的拟人特征表示反感。他认为偶俑的造型太接近真人，反而会不道德，因此他更多地倾向于选择使用“刍灵”[①]。所谓的“刍灵”，是通过束草为人的办法，使其略似于人。这种偶像当然也是用作殉葬的替代，只不过那些更似真人的俑，更加接近奴隶殉葬的做法，反而在后世得到了延续。显然，孔子的担忧和反感，也附带着栩栩如生的“俑”与人的真实个体的关联。这正符合民俗学上“顺势巫术”的构成规则，那些具有人的形体特征的偶俑，实际被看做了与真人一样的具有精

① （汉）郑玄注，（唐）贾公彦疏：《周礼注疏》卷21，《景印文渊阁四库全书》第90册，401页，台湾商务印书馆，1986年。

神、灵魂的客观存在。这种观念一直延续到后世，使偶俑成为传统中国人的生活中屡见不鲜的一个神秘对象。精致者用木、用泥、用面，简略者用纸、用布，利用不同材质做成的偶俑，往往与诅咒整蛊的行为相关。这正基于“偶”与“人”一致性的观念，当然也来自于它最初生成的丧葬殉葬的文化背景。

山东民间玩具——击钹打鼓车，选自《中国民间美术全集》

汉代以来，随着偶像制作工艺的提高和佛教经典的翻译，许多关于偶戏的传说，如偃师造偶的传说，也孕育而生。当然，随着制作技艺的不断提高，偶俑不断地精致化，也不断地被戏剧化。这也导致了它普遍存在于宗教、庆典、宫廷等大型场合中，而不仅仅局限在丧葬礼仪。例如后赵时代的解飞，是一位善于制作机关器械的巧匠，他为信仰佛教的后赵帝王石虎，制作了一辆檀车。其中不但有手摩佛身的木头道人，而且还有披着袈裟绕佛行走、礼拜燃香的十余个木质偶[①]人。到了北齐武成帝在位的时候，出现了更为庞大的机械建筑——密作堂。其工艺的复杂和木头偶像的惟妙惟肖，远远超过了檀车的规模。特别是行走其中的木人，“与人无异”，“自古罕有”，显示出高超的制作水

① （晋）陆翙：《邺中记》，《景印文渊阁四库全书》第463册，312页，台湾商务印书馆，1986年。

平[1]。而之后隋炀帝时代出现的“水饰”，更加精妙绝伦，令人叹为观止。遍布其中的人、兽、仙、麟，共同组成了变化离奇的仙境，实在是今古奇观。到了唐代，丧葬活动中的偶俑，更加戏剧化。《封氏闻见记》记载了唐代大历中太原节度使辛云京出殡时，用木头雕刻成尉迟鄂公与突厥战斗、项羽与汉高祖鸿门相见等戏剧场面，“机关动作，不异于生[2]”，实际就是用机械偶像表演出来的戏剧。这些高超的偶像制造技术，及其展现出来的具有戏剧效果的场面，正成为中国偶戏不断走向成熟的重要参照。

故宫藏清乾隆四十五年铜镀金水法白猿献寿乐钟

故宫藏清乾隆四十五年铜镀金水法白猿献寿乐钟局部

需要提及的是，在偶的“人化”的过程中，实际上也伴随着人的“偶化”的过程。人的偶化，大概可以分成两类，一类用真人代替；一类用面具装扮。

① （元）纳新：《河朔访古记》卷中，《景印文渊阁四库全书》第593册，42页，台湾商务印书馆，1986年。

② （唐）封演：《封氏闻见记》卷6，《景印文渊阁四库全书》第862册，447页，台湾商务印书馆，1986年。

广东吴川飘色　傅起凤供图

早在周代，就存在着名为“腊祭”的祭祀仪式。在这个仪式中，要通过人装扮成神、祖先、猫、虎等形象，来表达崇农报本的敬意。这种拟物化的装扮者，在古代被称做“尸”。祭祀必定要有尸，这似乎成为祭祀庆典的重要组成元素，只不过由于土木偶像的制作工艺不断趋于完善，这种借助人体表现的偶像才仅仅存留在个别节日庆典、仪式活动中。延至后代，人的偶化比较广泛地出现在与宗教信仰相关的活动中。如中国各地春节社火中出现的“台阁”、“芯子”、“飘色”，均是这种偶像装扮的余绪。特别是昔日特殊的戏曲角色，如关公一旦装扮好，在上台演出前便不再言语，以显示关公的神圣；而流传于长江流域以南的“目连戏”中的主角——目连尊者，不但在戏剧情节中可以解救亡者，而且也成为此时观众热衷崇拜的对象。人的偶化，消减了人自身的灵动，而代之以偶的僵化，同时也使俗世的人身获得了宗教的净化，而成为特定宗教场合中具有灵异功能的神偶，履行着宗教赋予的神圣职责。

山西晋东南赛社扛妆

湖南冷水江傩戏《搬锯匠》

另一类偶像，则是通过面具的佩带，使人附带上超现实的能力，以履行特定祭祀的需要。最著名的例子就是商周时代已经广泛存在于礼仪社会中的“傩”。《周礼·夏官·司马》中记载了这种仪式的主角——方相氏，称它“掌蒙熊皮，黄金四目，玄衣朱裳，执戈扬盾[①]”。显然，以“黄金四目”为代表的面具，构成了傩的基本特征，也成为它能够在傩仪中驱逐瘟疫、能够在丧葬活动驱煞的基本条件。唐五代之后，傩逐渐从国家正统礼仪中分化出去，流播到民间，形成流行各地的傩礼、傩戏。他们一直保留着佩戴面具的特征，面具的取用成为现实中的人能够具有超自然能力的前提。这一古老的祭祀行为，在魏晋南北朝时期，还增加了很多外族的特征。《荆楚岁时记》提到在岁末腊八，村民身击细腰鼓，头戴胡公头，并有金刚力士的装扮，以驱瘟逐疫[②]。这种胡公头的制作，显然是具有域外特征的面具。到了南北宋时期，宫廷大傩、民间傩仪中的装

---

① （汉）郑玄注，（唐）贾公彦疏：《周礼注疏》卷31，《景印文渊阁四库全书》第90册，574页，台湾商务印书馆，1986年。

② （梁）宗懔：《荆楚岁时记》，《景印文渊阁四库全书》第589册，25页，台湾商务印书馆，1986年。

扮已经广泛吸纳了前代的艺术创造，借助面具出现的不同的造型和装扮，显示了这一礼仪越来越具有戏剧效果，《桂海虞衡志》所说的桂林傩面，虽然有军傩与百姓傩的区别。但是傩面具却因为桂林人的善巧，而被称为“戏面①”，较之于中原地区的装扮队伍更具可观性。

山西赛社活动中的“跳监斋”

当然，这种依靠面具呈现出来的偶像，实际上与前述人扮“尸”的行为有所重合。例如《东京梦华录》记载的傩仪中，既有平民百姓沿门逐疫出现的“装妇人、神鬼”，也有宫廷千余人驱祟出现的各种装扮，人的偶像化与人的佩戴面具都成为装扮表演的重要方式。这两种装扮成为广义的偶戏所涵盖的内容，特别是由他们分化出来的各种民间艺术。例如北方社火活动中的“台阁”，广东春节时的“飘色”，山西潞城赛社中的“监斋神”装扮，甘肃永

甘肃永靖县的傩舞戏《庄稼人》

① （宋）范成大：《桂海虞衡志》，《景印文渊阁四库全书》第589册，375页，台湾商务印书馆，1986年。

靖的傩舞戏等等，都成为中国偶戏的重要组成部分。

在如此丰富的偶像表演活动中，以木偶戏为代表的偶戏，也拥有了广阔的活动空间。来自于偶俑与生俱有的功能特点，和偶俑不断趋于灵巧自如的制作技艺，特别是不同的偶像在民众生活中不断被戏剧化的表现，人操纵偶像的技艺，也越来越吸纳各种时尚艺术，借鉴其他偶戏艺术的艺术优长，逐渐地演变成民众喜闻乐见的戏剧艺术。

偶戏的北渐

偶戏形成的时代，较普遍的观点是：“兴于汉，盛于唐”。实际上，如果从广义的偶戏而言，其起源可以直接上溯到上古时代傩、腊等举国若狂的装扮表演；如果从狭义的木偶戏而言，则需要依据偶俑的制作工艺而定。显然，汉代以来偶俑的不断精巧化，成为木偶戏生成的物质基础。在传统典籍中，木偶戏被称为傀儡戏；傀儡一词也被写作魁垒、魁礨、魁礧、窟礧、窟儡、傀磊等，均以音近而发生转变，到唐代基本上被固定为“傀儡”。由此看来，从汉代到唐代的数百年间，正是木偶戏孕育发展的重要时期。关于傀儡戏起源的陈平造傀儡、偃师造傀儡等诸多传说，或者叙述的是汉代故事，或者是汉代以来吸收佛经故事产生的传说，应该都展示了汉代偶俑技艺超越前代的事实。

一、偶戏在汉代以来的北方地区逐渐具有娱乐特征

《战国策》、《史记》等历史著作在描写孟尝君入秦时，其门

山西晋东南赛社花祭中的土木偶人

人借用木偶人和桃梗人（或土偶人）的对话进行劝谏。这当然具有比喻的特点，特别是偶俑依附于丧葬活动的属性，使偶人之间的对话具有很多幽远深邃、甚至谶语预言的特征[①]。但是，汉代以来，偶俑开始摆脱丧葬礼仪的限制，被应用于歌舞相和的喜庆场合。贾谊《新书》卷四《匈奴》篇中，就提到当时北方民族的乐舞中，有“舞其偶人[②]”的节目。到东汉应邵在《风俗通》中，就说当时京师的“宾婚嘉会，皆作魁櫑，酒酣之后，续以挽歌[③]”。虽然他把这种现象与帝王驾崩、瘟疫流行等诸多不祥联系在一起，但是，他所说的“丧家乐”能够摆脱丧礼限制，正表明其时的傀儡已经和歌舞相互融合。傀儡在“丧家”与“嘉会”两种场合中的使用，显示了傀儡戏作为歌舞表演所具有的特殊魅力，这必然使它成为当时百戏杂要中颇具发展潜力的艺术样

① （汉）高诱注，（宋）姚宏续注：《战国策》卷 10，《景印文渊阁四库全书》第 406 册，308 页；（汉）司马迁：《史记》卷 75，《景印文渊阁四库全书》第 244 册，458 页，台湾商务印书馆，1986 年。

② （汉）贾谊：《新书》卷 4，《景印文渊阁四库全书》第 695 册，414 页，台湾商务印书馆，1986 年。

③ （宋）范晔撰，（唐）李贤注：《后汉书》卷 23，《景印文渊阁四库全书》第 252 册，319 页，台湾商务印书馆，1986 年。

式。到三国时期的魏国，出现了通过水轮牵引的偶像制作工匠——马钧。在他设计的水转百戏中，就有“木人击鼓吹箫”、“木人跳丸、掷剑、缘垣、倒立”等变化多端的百戏节目。这成为后世水傀儡的滥觞。需要说明的是，在此时期关于机关木人的各种故事中，无论是木偶的制作者，还是偶戏的欣赏者，基本上都是来自当时的北方地区。这让人也不禁想起日本大江匡房的《傀儡子记》所记载的那些流浪艺人，他们的生存状态与中国北方民族——北狄，非常相似。看来偶戏艺术的发展确实与北方游牧民族的喜爱和传播是很有关系的。

四川自贡民间玩具——锯木
选自《中国民间美术全集》

二、偶戏在北齐时代取得了突破性的发展

在偶戏从汉代到唐代的发展过程中，建立于公元六世纪中叶的北齐政权在短短27年的时间，使偶俑的制作工艺和偶戏的内容，都获得了突破性的提高和发展。在齐武成帝高湛在位时期，工匠们在后赵檀车的结构原理上，制作了更加精致的密作堂。在这座依靠大船承载的三层木制机构中，不但有弹拨乐器、进退俯仰的乐人偶像，而且还有行香拜佛、整衣行走的僧侣形象，菩萨、飞天、卫士穿插其间，营建出一个超然于红尘世界之外的佛陀仙境。而当时的僧人灵昭更是以制作机关偶像著称的工匠。他

在北魏时期为胡太后建造的七宝镜台，总计36个门户，每一门户中配置一位妇人偶像，通过机关控制，可以让36位妇人同时从门户中走出来。在高湛在位期间，灵昭还制作了“流杯池”，用小船承载酒杯，木头小儿在丝竹音乐的伴奏下，取递酒杯，与饮酒的人相互呼应，显示出高超的制作水平。北齐后主高纬在位时期，对傀儡的热衷喜好更是中国戏剧史上的佳话。他的堂兄兰陵王高肃也是傀儡戏的爱好者，据说他制作了一个机关偶人——“舞胡子”，可以随人的心意而捧盏作揖。显然，北齐时代傀儡工艺的巨大成就，与帝王的热情关注密切相关。

三、偶戏在北齐产生了具有代表性的戏剧角色——郭秃

古代典籍《乐府广题》中说，北齐后主喜好傀儡戏，被称做“郭公”[1]，当时有人甚至创作《郭公歌》来传诵他的爱好。这当然是北齐各代帝王对偶戏的热衷所致，并非是事实。因为所谓的郭公，一名郭秃，在古代偶戏中是一个滑稽调笑的人物形象。北齐颜之推在《颜氏家训·书证篇》记录了为什么把傀儡称为郭秃的理由。他引用《风俗通》的话说：有个忌讳自己是秃头的郭姓人，喜欢滑稽调笑，因此后人就用偶像展示他的身体和行为，称其为郭秃[2]。这个说法正符合傀儡戏进入喜庆嘉会后的实际需

---

① （宋）郭茂倩辑：《乐府诗集》卷87，《景印文渊阁四库全书》第1348册，96页，台湾商务印书馆，1986年。

② （隋）颜之推：《颜氏家训》卷下，《景印文渊阁四库全书》第848册，982页，台湾商务印书馆，1986年。

要——专门用来引逗人开心的表演，显然也与击鼓、吹箫、跳丸、掷剑、缘垣、倒立等一般的百戏杂耍有所不同。郭公的出现明显地拓展了传统偶戏的表现内容，为偶戏赋予了说唱艺术的内涵，敷加上滑稽幽默的艺术风格，以至于后世的偶戏一直保留着丑角插科打诨的传统。这种艺术领域的拓宽，使中国偶戏正式形成了用角色进行表演的代言体特征。因此到了唐代以来，在偶戏表现歌舞戏的时候，引领歌舞的主角正是这位郭秃。戏剧舞台上的传统，正保留了对具有开创意义的艺术角色的尊重。有意思的是，在陕西合阳提线木偶戏中，至今保留着一个称为“来报子”的特殊角色。他的造型也是一个秃头丑角，在表演中可以扮演多种人物，并有幽默风趣的表演，据说原来的姓氏正是郭姓。看来，在民间艺术的舞台上，郭秃这一角色对喜剧风格、人物造型等都具有深远的影响。

河北晋县木偶丑角，选自《中国民间美术全集》

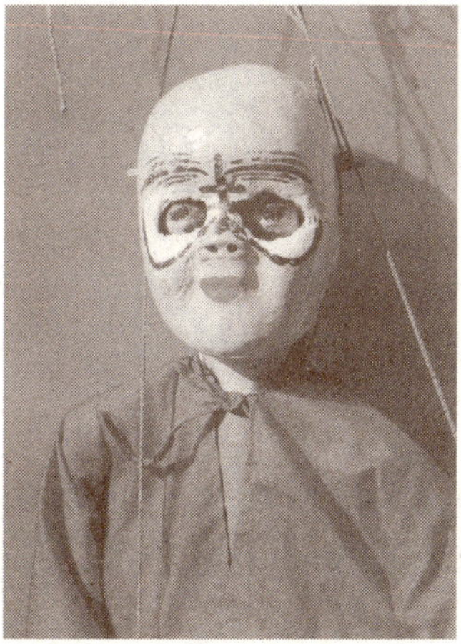

陕西合阳提线木偶中的来报子，选自《中国木偶艺术》

四、偶戏在南北朝时期以水傀儡的工艺最为显著

马均创造的水转百戏，在隋唐之前的北方不断得到技艺的提高，经过后赵时代巧匠解飞的发展、北齐武成帝时期的增饰，逐渐成为宫廷娱乐的一项重要内容；到了隋炀帝时代，由当时的巧匠黄兖发展创造成为精妙绝伦的“水饰”。在《太平广记》转引的《大业拾遗记》中，作者详细地描写了这一规模宏大的水上壮举：从河图洛书进献伏羲的远古传说开始，一直到汉代以来的历史故事，将近数千年的文明典故都通过活灵活现的偶像展现出来；从上古神话中出现的重要神祇，到彪炳史册的历史人物，各个时代的文治武功都通过偶像构成的场面再现出来。在“水饰”中的七十二个场面中，各种动物偶像穿插其间，各种百戏技艺表演其间，各种音乐歌舞环绕其间，庞大的造型和运动的场景，全部通过水中机械操动的偶像呈现出来。文中提到了记录这套工艺的《水饰图经》十五卷，可惜已经佚失。正如作者所说的“奇幻之异，出于意表[①]”，这种巧夺天工的工艺确实只能在后代人的想象中得到了。

五、偶戏在唐代具有高超的艺术表现，并流传各地

唐代的歌舞戏在中国戏剧史上占有重要的地位，是“歌舞演故事”的中国戏曲之所以形成的重要艺术来源。唐代歌舞戏中的

---

① （宋）李昉等：《太平广记》卷 226《伎巧二·水饰图经》，《景印文渊阁四库全书》第 1044 册，473—474 页，台湾商务印书馆，1986 年。

泉州提线木偶中表演歌舞的偶人

《大面》、《拨头》、《踏摇娘》等节目，在当时拥有广泛的群众基础，而傀儡戏正是歌舞戏中的重要组成部分。《旧唐书》、《乐书》、《通典》等著作都将偶戏与盛行一时的歌舞戏并列，说明了这一艺术品种以歌舞见长的艺术特点。唐代林滋在《木人赋》中高度赞扬了傀儡戏高超的制作工艺和表演水平，特别提到木人手舞足蹈、左旋右抽、进退合宜的歌舞形象。正如作者所概括的“贯彼五行，超诸百戏”，木偶制作与表演已经实现了完美的统一。因此，唐明皇虽然因为它属于散乐，还不能代表国家正统的艺术审美趋向，但是仍然把它安置在教坊中，显示出对这种偶戏艺术的喜爱。唐代众多诗人对傀儡戏给予了热情的关注，用他们的诗歌记录了歌舞偶戏的演出盛况。顾况、梁锽、卢纶、伊庵权等人以及《旧唐书》、《北梦琐言》等著作，都留下了对木人歌舞的歌咏、赞叹和遐想。从这些诗歌、文献中，也可以看到偶戏歌舞艺术在淮扬、湘中、浙西、淮南、西川、越中、洛下、闽东等各地广泛盛行，实际具有全国的影响。

六、唐代偶戏形成了提线木偶、盘铃傀儡、杖头木偶等分支艺术

在唐代人的各种记录中，出现最多的是提线木偶。梁锽《咏

木老人》诗："刻木牵丝作老翁，鸡皮鹤发与真同。"王梵志诗："古来皆有死，何必得如生，造化成为我，如人弄郭秃"；"魂魄似绳子，形骸若柳木，掣取细腰肢，抽牵动眉目。[①]"这些诗歌中出现的"牵丝"、"绳子"，说明了此类偶戏主要是通过绳索的牵引来表现角色人物的情态。那些栩栩如生的老人、郭秃形象，正是通过人抽动绳索的方式，再现他们的音容笑貌的。韦绚《刘宾客嘉话录》记录了大司徒杜佑在扬州与人谈说的一席话，提到"入市看'盘铃傀儡'[②]"。盘铃傀儡的具体形制没有留下具体的介绍，但是作为胡族乐器之一的盘铃，肯定在这一偶戏品种中充当着重要的渲染作用，与提线木偶的艺术表现应该有很大的不同。此外，敦煌莫高窟31窟盛唐壁画《法华经变·随喜功德品》中有一幅小型图像，展示了一个妇女手拿木杖样式的偶像，引逗同伴追逐。这个图像呈现出的应该是杖头木偶的基本形制。

从上面的发展历程可以看到，从汉到唐的漫长时间里，中国偶戏无论从其功能用途、艺术表现、形制特色、流播范围，都在不断地走向成熟，走向精巧，走向丰富，最终走进各地、各个阶层的生活中。当然，随着时间的发展，偶像的制造工艺、偶像的表演技巧，也越来越摆脱土木偶俑的笨拙稚嫩，而能够对生活进行更加细腻的表现。"兴于唐、盛于汉"的传统说法，虽然不能

① 张锡厚校辑：《王梵志诗校辑》之《古来皆有死》、《魂魄似绳子》，70页，中华书局，1983年。

② （唐）韦绚：《刘宾客嘉话録》，《景印文渊阁四库全书》第1035册，459页，台湾商务印书馆，1986年。

完全代表中国偶戏的真正源流，但是这个进程却极好地说明了偶戏在中国不断孕育、发展的模式。从偶俑到机关木人，从滑稽调笑到歌舞戏剧，从外在机械到人手操作，都成为这个艺术样式产生于时代而又超越于时代的证明。

偶戏的南游

北宋、南宋是偶戏艺术繁荣发展的时期，偶戏无论从表演形式，还是表演内容，都成为生存至今的各地偶戏的渊薮。明代谢肇淛在《五杂俎》中说："南方好傀儡，北方好秋千，皆胡戏也[①]"。比之汉唐之间的偶戏历史，就可以发现这个判断与偶戏在北方的兴盛正好相反。但是如果立足在宋元以来的中国偶戏，就会发现这个判断实际上正说明了这一时期在广大的中国南方，不断接受偶戏、不断发展偶戏的历史。

结束了唐末五代的混乱局面，北宋的经济更加繁荣和发展，农业、手工业、商业的水平也超过了唐代。经过唐宋易代的战乱纷争之后，坊市制度被破坏，宵禁也被废除，北宋都城汴梁成为商业贸易发达的大都市，市民文艺获得了极大提高。而在宋室南渡之后，虽然偏安一隅，但是相对稳定的安定局面也使南宋都城——杭州，汇集了曾经活跃于北方的各种艺术，极大地促进了民间文艺的发展。这种宽松而活跃的文化发展局面，不但带来了

---

① （明）谢肇淛：《五杂俎》卷5，441页，《续修四库全书》1130册，影印万历刻本，上海古籍出版社，2003年。

佚名绘《百子戏春图》，故宫博物院藏

中国戏曲表演艺术从百戏杂耍中独立出来，也带来了偶戏艺术的长足发展。

在《东京梦华录》、《梦粱录》、《武林旧事》等小说笔记的记录中，南北宋都城的瓦肆勾栏里，云集了品种繁多的文艺样式和高超技艺的表演乐人，而偶戏正是其中不可缺少的娱乐项目。当时的偶戏品种，除了“大小全棚傀儡”外，主要盛行的有悬丝傀儡、杖头傀儡、水傀儡、肉傀儡、药发傀儡、跳鲍老等。此外，与木偶戏同源的皮影戏，也成为傀儡戏中颇具演出市场的艺术形式。这些傀儡艺术的从业人员，数量众多。《梦粱录》记载，仅在杭州的官巷口、苏家巷，就有“二十四家傀儡①”。这些傀儡班社不但承应宫廷，在皇家供盏礼仪中演出；而且也活跃于瓦肆勾栏，满足普通市民的欣赏需求。例如在《东京梦华录》就有艺人任小三表演的杖头傀儡，每天五更时候演出头回小杂剧，稍晚就无法看到了，可以想见他的表演技艺是很精彩的。当然，作为一项受人喜欢的艺术品种，傀儡戏

① （宋）吴自牧：《梦粱录》卷1，《景印文渊阁四库全书》第590册，16页，台湾商务印书馆，1986年。

也毫无例外地出现在岁时节庆的庆典中。

南北宋时期的偶戏，不但品种多、演艺人员多，而且也作为时尚艺术通过绘画、雕刻等方式，出现在人们日常生活中。例如绘画中的《傀儡婴戏图》、《骷髅幻戏图》、《百子嬉春图》等，河南济源宋代磁枕画、河南南召云阳宋墓偶戏砖雕，山西繁峙岩山寺金代壁画等等，这些图像反映了样式丰富的偶戏艺术。这在以后的章节中将具体介绍，在此不赘述。需要说明的是，在这些深入生活各个层面的偶像艺术中，固然可以看到南北宋时期偶戏艺术的繁荣，但要注意到偶戏艺术在不同的阶层，也在发生着体制的分野和变化。显然，偶戏艺术在宫廷和民间、城市与乡村，已经出现表演体制的区别。

山西繁峙岩山寺金代壁画中的偶戏

宋代人朱彧撰写的《萍洲可谈》中，记载了江南一带的民间信仰，伴随着对各种各样的神仙崇拜礼俗，傀儡戏作为娱乐神祇的重要方式，出现在神祀赛会活动中。这类傀儡戏的演出形式被称做“弄戏”。在戏曲演出过程中，要焚烧纸钱，进行祈祷，对于木偶的尊崇和祭祀神灵一样，严肃恭敬；而傀儡戏演出过程

福建莆田木偶戏台及对面的神庙

中，则调笑嬉戏，秽谈淫语，无所不至[①]。这种赛会形式和演剧体制，因为乡民围观，群情激奋，往往会引发斗殴等社会问题，因此也就引起了文人和官方社会的注意。宋代江南民间的这种偶戏演出，直到今天，仍然是中国各地民间戏曲演出的常态。可以说，宋代民间偶戏的演出形态，代表了中国基层演剧的基本风貌，并且一直延续至今。

而在宫廷等盛大庄严的场合中，偶戏的演出面貌则深深地依附着当时宫廷礼仪的各种规范。在《文献通考》中，可以看到宋代宫廷乐部机构云韶乐的体制结构里，就分配有“傀儡八人”的乐工名额编制。这些偶戏乐人要在繁缛的宫廷礼节中，将偶戏穿插进来表演，以作为饮宴活动中

山西贾村赛社观摩演出

① （宋）朱彧：《萍洲可谈》卷3，《景印文渊阁四库全书》第1038册，307页，台湾商务印书馆，1986年。

山西潞城市民间赛社活动中的神架

的重要娱乐项目。《武林旧事》记载了宋理宗时的宫廷寿筵仪程，其中第七盏、第十三盏、第十九盏供盏仪式中，就有《踢架儿》、《群仙会》等傀儡戏演出。虽然在当代民间的供盏表演，如山西潞城赛社供盏仪式中，已经缺失了傀儡戏的表演，但是从现存面具戏与神偶的介入，还是可以看到严谨规范的礼仪与自由活泼的戏剧演出相互结合后的表演特征。

上述表演体制的区别，为偶戏的不断发展提供了各自不同的背景。不同的阶层特征决定了人们对偶戏种类的取舍，而不同种类的偶戏也因为不同审美趋向而有各异的发展脉络。例如，一直存在在于宫廷和大都市的水傀儡，不但在制作工艺上较之前朝更加精巧，而且演出体制结合了当时杂剧演出时参军致语与奏乐、唱和等形式轮番表现的特点。这种形式与内容成为后世水傀儡的主要艺术表现，并影响了越南等地水傀儡的演出模式。当然，宫廷的演出也更容易使时尚的偶戏艺术获得更加广泛的传播。《宋史》就记载了北方民族的使者到达杭州，参与宫廷的守岁活动时，夜宴中就穿插表演傀儡戏[①]。显然，这为傀儡戏的传播提供

① （元）脱脱等：《宋史》卷119《礼志》第72，2812页，中华书局，1977年。

了条件。

而民间偶戏的演出，自然也遵循着民间生活的需要。《萍洲可谈》所说的江南偶戏演出的特点，在南方各地乡村也屡见不鲜。如南宋莆田籍诗人刘克庄在《闻祥应庙优戏甚盛二首》诗中，就有“邻翁看罢感牵丝”、“巫祝言岁事讙详，业祠十里鼓箫忙”等诗句[①]。显然，他所说的“优戏”，实际上正是与民间巫祭相互结合的提线木偶，这正与前述江南偶戏的演出是一致的。南宋时的朱熹在出任漳州守官的时候，就曾对当地以禳灾祈福为名进行傀儡戏演出的风气进行过禁止。他的学生陈淳在给当时漳州知府的书信《与傅寺丞论淫戏书》中，将傀儡戏列为淫戏。即称：在民间秋收之后的祈冬赛会上，人们聚敛钱物，邀请优伶演戏，或者弄傀儡戏[②]。这种附属于民间节庆活动的偶戏演出，至今在闽南民间长盛不衰。虽然还没有更多的文献证明中国北方民间也沿袭了这样的演出样式，但是作为当时南宋政权管辖下的基层社会，这种偶戏演出具有较为浓郁的民间风格，应该是无疑的。

值得一提的是，宋代的偶戏表演已经拥有了较为统一的文本。《梦粱录》就提到凡是傀儡表演，大多以当时的话本作为依据，敷衍烟粉、灵怪、铁骑、公案、史书、历代君臣将相故事。因此，偶戏的表演内容或者以宣讲历史为主，或者以表演当时流

① （宋）刘克庄：《闻祥应庙优戏甚盛二首》，转引自叶明生：《福建傀儡戏史论》，14页，中国戏剧出版社，2004年。

② （清）郝玉麟等监修：《福建通志》卷70《陈淳与傅寺丞论淫戏书》，《景印文渊阁四库全书》第530册，505页，台湾商务印书馆，1986年。

福建莆田提线木偶演出的神话戏《愿》

行的杂剧为主，或者以当时的说唱文艺崖词为主；但是表现的内容虚多实少，大体具有一致的风格，这正符合偶戏亦真亦幻的戏剧风格。由此也可以看到，这些多样的演出内容在不同阶层、不同地域、不同场合的要求下，具有丰富的艺术表现。今天，留存于各地的偶戏，实际上正可以从宋代偶戏的多样化表现，寻找到他们的历史痕迹。

从元代以来，中国戏曲艺术进入了黄金时期，众多的戏曲家投入到戏曲艺术的创作中，众多的演艺人员不断地提升着戏曲表演、演唱水平。从杂剧到传奇，从昆曲到花部，从声腔到剧种，中国戏曲艺术在每一个时期，都拥有大批的优秀创造。也是在这个历史发展过程中，中国偶戏显得有些默默无闻。虽然它淡出了文人关注的视野，但是却并没有停止不断发展的步伐，相反，在各个时代均能够吸纳时尚因素。特别是保持着与中国戏曲艺术并行发展的联系，用它在民间深入人心的艺术魅力，充分演绎着“偶”在戏剧艺术中独特的表现形态，成为与民间生活息息相关的艺术品种。

杨维桢在《朱明优戏·序》中，介绍了元代的偶戏艺人朱明的艺术创造。这位出自傀儡世家的艺人，能够演出《尉迟平寇》、《子卿还朝》等剧目。他的念白、演唱能够和双手呼应，使演出过程中的谈笑说唱，好像真得出自木偶的肺腑，以至于观众为神奇的操作技艺感到惊奇不已。特别是他的精彩表演，使戏剧故事的讽谏教化功能充分发挥出来。杨维桢赞誉他的艺术"非一时耳目之玩者"，正高度评价了朱明人偶合一、超越时代的艺术造诣[①]。而元杂剧《西游记》也在戏剧场面中，连带描写了民间演出木偶戏的状况，从剧中所说"黑墨线儿，提着红白粉儿妆着人样的东西"[②]可知，提线木偶在当时是比较流行的偶戏形式。作家通过调笑口吻叙述出来的提线木偶的表演，出现在盛大的社火活动中。这正如元朝诗僧圆至《元夕观傀儡》所记："锦裆丛里斗腰支，记得京城此夕时；一曲太平钱舞罢，六街人唱看灯词[③]。"

德国科隆博物馆藏明代刻印《西厢记》册页

生存于民间生活中的偶戏，只有紧贴着民众的感情，才真正拥有了自己的生命力。显然，元代以来的中国各

① （元）杨维桢：《朱明优戏序》，见《东维子文集》卷11，《景印文渊阁四库全书》第1221册，486页，台湾商务印书馆，1986年。

② （元）吴昌龄：《西游记》第6出，见王季思主编：《全元戏曲》第三卷，431页，人民文学出版社，1999年。

③ （清）顾嗣立编：《元诗选》初集卷67，《景印文渊阁四库全书》第1469册，742页，台湾商务印书馆，1986年。

地偶戏，都在实践着这个戏剧发展规律。

诗歌中所说的《太平钱》本来是南戏剧目，而偶戏将它搬上只有方寸之地的偶戏舞台，正表明这个艺术样式不让大戏的气魄，和它游刃有余地驾驭故事情节的艺术表现力。这种个性和自信使偶戏一直不曾离开民间这块艺术土壤，成为民众生活中不可缺少的艺术元素。有一副对联恰如其分地说出了偶戏的艺术特征：

方寸木，雕得形容酷肖，莫笑他真真假假；
数条线，扯来非常活泼，到底看节节传神。

这虽然讲的是提线木偶，但也是偶戏不可替代的艺术价值之所在。

宗教化与世俗化

中国偶戏的发展经历了漫长的时间，在这个过程中，同时伴随着制作技艺的提高和演剧技巧的增加。出于木偶在传统社会生活中的特殊意义，偶戏也不断地徘徊在宗教与世俗之间。

福建民间祭祀活动中的纸扎

偶俑，在中国自古以来就是作为殉葬冥器的一个部分而进入人们生活的，这也就是在汉代以前一直作为“丧家乐”的原因所在。直到现在，在中国各地的丧葬仪式中，都可以看到纸扎人物；在河北、陕西、山西、河南等地民俗活动，如寒食、清明、婚丧嫁娶等，都可以看到面塑的人物、纸扎等等。这种广义的偶像附属的宗教、民俗的内涵，显而易见。而在传统社会中，偶像崇拜实际包含着更加丰富的内涵。例如在元代的戏剧作品《张孔目智勘磨合罗》中，作为戏剧发展的重要道具——小孩偶像，在接受官府审查的时候，还需要用香火来祭祀。显然，偶像的祭祀特点并不因为它可爱的形象而有所减弱。相反，在不断发达的偶像制作工艺面前，偶像的功能也因此而变得更加广泛，其深入到宗教信仰的层面也更加丰富。

偶像原来的功能只是用来殉葬。在巫术还盛行的时代里，偶像还可以象征祖先、神灵、鬼怪，甚至作为诅咒、仇恨的对象，这在中国的民间生活中并不少见。在中国传统的“二十四孝”中，就有丁兰刻木的故事。故事说丁兰自幼父母早亡，为了纪念父母的恩养功德，丁兰就用木头刻成父母的形象，每天祭祀，如同真人。但是他的妻子不太赞同他的做法，偶然的情况下用针刺了偶人的手指，竟然流出了鲜血。丁兰回到家中，看到偶人眼中好像有泪，才知道妻子做了不该做的事情，于是休掉妻子，侍奉父母偶像。显然，故事中的偶像不再是一块没有知觉的木头，而是有灵性、有生命的，简直就可以作为真人的替代。这种风俗正反映了中国传统文化对于偶像的基本态度。而在佛教等宗教进入中国之后，偶像的意义也自然因为文化交流的不断深入而变得更加丰富。

从汉代以来，傀儡已经在京城逐渐地成为喜庆嘉会上的娱乐项目的时候，偶像的戏剧化表演也成为具有宗教性的活动。从汉到唐的漫长岁月里，木偶戏更多地作为佛教信仰者开展教化的方式。这不仅来自于印度悠久的木偶戏演出历史，而且还源于偶戏在宣传佛教教理时形象生动的现身说法，更有利于普通人的接受。偶像本来用土、木制作，逼真的形象并不能掩盖它从泥土、木块这些没有生命中制作而来的事实，或者说，生命的不确定性正是偶像的本质。但是，人们在喜欢偶戏的时候，更多地看到的是偶像类同于真人的种种表现，他的喜怒哀乐往往能够引动观赏者的情绪行为，这就是世间人的普遍状态。因此，佛教更希望世俗中的人能够从活动乱跳的偶戏中，看到那些失去了人的操纵就无法驾驭的本来面目，更希望让世俗的人能够看到自己的生命是同样的短暂和无助，由此而深入并实践佛教更加精深的思想。作为一种譬喻，偶像以及偶戏最能展现人处世间的状态和本质。因此，汉代以来进入中国的佛教经论，往往把偶戏作为宣讲佛理的重要媒介。例如在敦煌的变文《维摩诘经讲经文》中，就将提线木偶与唐玄宗的晚年生活相提并论，以显示人生与偶戏的一致性。这些面对世俗的宣讲，在把一切皆空的生命态度灌输到人们心灵的时候，实际上也将亦真亦假的偶戏推荐到了人们的生活中。

但是，佛教观念与中国固有的观念实际存在着差别。偶俑在丧葬中的巫术功能并不能因为佛教教理而得到彻底改变，相反，在文人不断接受佛教，并且用诗词歌赋阐述佛教道理的时候，中国固有的观念却在传统的行为中不断地使用着与佛教密切相关的偶戏。例如北齐时代的“密作堂”是中国水傀儡发展史上的经典作品。这座巨大的机关装置被安放在北齐武成帝时期改建的“仙都苑”，而“仙都苑”的原始创意来自后赵皇帝石虎时代的“华林苑”。石虎是一个信仰佛教的帝王，在他统治的时代里，不但按照机械原理出现了很多机关偶像，例如指南车、磨车、舂车，都可以通过偶人及器械的互动达到实用目的；而且制造出了水傀儡的雏形——檀车，以表达他对佛教的虔诚。想必规模盛大的檀车也应该安放在他修建的华林苑中。颇有意味的是，华林苑的修建主要因为石虎听信了一个沙门的话，说后赵的国运衰微，为了不让晋朝复兴，就应该通过大兴土木，拘束住国中的人们。这种办法即沙门所说的“以厌其气[1]”。所谓的“厌”，实际正是中国传统的巫术；所谓的“气”，也正是那些看不见的国运之类的东西。于是，石虎征集了十六万人来修建华林苑。更为有趣的是，增饰华林苑的北齐武成帝也是一个佛教信徒。他能够扩建这座园林，也未尝没有这种观念，因为，从檀车到密作堂的建造，有一个共同的特点，即里面的装置全部按照佛教理想中的境界构建。那些周而复始礼拜焚香的偶人，正是能够“厌气”的主要力量。从这两个事例中，可以看到，佛教教义在接近中国人的时候，实际上也伴随着人们的取舍，而将更具功利性的需求付诸对佛教的信仰，同样也是现实中的人必然会做到的。这正是外来的佛教在进入中国之后，与本土的信仰相互借用、交融的结果。

因此，当偶戏进入人们的生活的时候，实际上并不是完全作

① （唐）房玄龄等：《晋书》卷107《载记第7石季龙下》，2782页，中华书局，1974年。

为一种戏剧艺术被接受的，而是具有更多复杂的功能性的要求。明代谢潮在他的《长溪琐语》中，记录了一次发生在福建霞浦县大金村的木偶戏演出。该村一个怀孕妇女的家中正在演木偶戏《五显传》。孕妇因为看到剧中青面獠牙的小鬼出场，突然受惊，回到屋里就产下一个孩子，形状怪异，落地就做鬼叫，和戏里的小鬼分毫不差。孕妇非常害怕，她的婆婆当场用铁锥把小鬼击死。此时木偶戏还没有散场[①]。在这个故事中，木偶和小鬼并无多大区别，而演出《五显传》也不是纯粹娱乐的节目。至今在大金村上演的四平傀儡戏，就有大量剧目如《华光传》、《奶娘传》作为法事进行表演。而且不同的剧目，拥有不同的实用功能。如《奶娘传》的“林九娘收长坑鬼”，专为儿童收惊或为病人收魂来演出；《华光传》的“华光收离娄师旷”，专为疯癫患者演出，等等。特别是四平傀儡的偶师，同时也是道坛的法师。上述戏剧剧目正是这些法师们操持的法事中的一个组成部分。当然，除了这些功能性的剧目外，也有一些属于纯戏剧性的演出。这类演出大多活动于一般的庙会、神诞、祠堂活动中，既娱神，也娱人。闽东北偶戏从古至今的演出传统，在福建其他地方也很常见。而且，在偶戏流布的任何一个地方，这样的禁忌也曾经是比较普遍的观念。

因此，在民间偶戏演出的经验中，正能够看到久远以前就存在于偶像的诸多观念。类似于巫术特征的禁忌，虽然经过以佛教

① （明）谢肇淛：《长溪琐语》，转引自林庆熙等编：《福建戏史录》，44页，福建人民出版社，1983年。

山西赛戏场面布置展现出来的人偶关系

为代表的正统宗教的洗礼，但仍然作为一条原则贯穿在木偶及其演剧中。当然，因为佛教的影响，那些充满了诸多禁忌的偶像也在许可的范围里，不断地张扬着世俗中的人情物理；同时也通过艺术化的表现，不断地在世俗许可的范围中拓展着自己的生存道路。例如宋代江南地区的偶戏表演，已经形成了用傀儡戏赛神的传统，那种萦荡在木偶祭祀中的庄严肃穆和木偶表演时的滑稽调笑，已经成为传统社会中偶戏演出的普遍规则，沿袭至今。人们对偶戏复杂的态度，正来自于千百年来偶戏所附着的多元的文化背景。对偶戏既爱又怕的心态，也正是那些多元的文化背景不断地在民众生活中发生作用的结果。显然，宗教化与世俗化是传统偶戏得以存在和发展的两种推动力量。宗教化赋予了偶戏顽强的生命，使之能够紧贴民众需要，而始终保持偶戏悠久的文化品格；世俗化赋予了偶戏灵活的应变，使之随着百姓的审美趣味，而始终保持偶戏旺盛的创新能力。

当然，那些抛弃了固有观念束缚的人们，在偶戏进入生活之后，尚能够用诗词歌赋发掘偶戏亦幻亦真的宗教哲学。这样的欣赏趣味实际上为偶戏附带上了更多理性的思考。偶戏也更容易获得真正的世俗性特征，也最容易在艺术领域获得突破。

第二章

丰富多彩的偶戏品种

中国偶戏在千百年的历史演变过程中，创造出了丰富多彩的艺术品种，各具特色的偶像操纵技术，各具特征的人偶配合，各具韵味的唱、演手法，呈现出琳琅满目的偶戏意蕴。这些经过悠久历史孕育发展而成的偶戏分支，最能够代表中华民族创造美好生活、创造精致艺术的灵巧智慧，也最能代表中华民族传承文明、发展文明的民族心理。

提线木偶

福建莆田提线木偶

提线木偶，古称悬丝傀儡、悬线傀儡。即以线索牵动偶像，使之做出相应的动作，模仿真实的人情物态，营造逼真的戏剧场面。提线木偶由提线板、线索、木偶人三部分组成。提线板主要用来提挂木偶，控制偶人平衡，适合于艺师操纵；接在提线板上的线索，通常连在木偶的身体关节各处，牵动不同的线索，木偶就会相应呈现出灵活的动作来；提线木偶的木偶人，通常身、手俱备，颇有真人实感。而木偶人又由偶头、笼腹、四肢等部分构成，比较符合人体的基本结构。因此，提线木偶是最能展现人的细腻情态的偶戏品种。

机关木人的制作在中国具有悠久的历史，而通过线索牵带机关偶人的方式，则在南北朝时期就已经出现在佛教典籍中。在这个时期翻译的《妙法圣念处经》、《菩萨本生鬘论》两部经典中，分别出现了“拈弄木人，须假线丝”、“刻木悬丝”等记载。这些佛教典籍固然有对古代印度偶戏艺术的记录，但是，翻译而出的偶戏形态，能够被中土民众接受，应该具有相应的实物基础。提线木偶在此时已经广为人知，是没有疑问的。提线木偶戏至迟在唐代已经非常兴盛。王梵志诗歌中“魂魄似绳子，形骸若柳木”的描写，梁锽《咏木老人》诗所说的“刻木牵丝作老翁，鸡皮鹤发与真同”，即是比较典型的悬丝傀儡。到了南北宋时期的京师勾栏中，出现了许多著名的悬丝傀儡艺人。如《东京梦华录》中即有张金线，《西湖老人繁盛录》有炉（卢）金线；《梦粱录》中有卢大夫、陈中喜等人，并说他们“弄得如真无二，兼之走线者尤佳①”，显示出高超的技艺。从南宋时期刘松年所绘的《傀儡婴戏图》和李嵩所绘《骷髅幻戏图》中，可以看到提线傀儡戏在舞台设计、提线技法、器乐配置、偶人装扮等方面，均已形成比较成熟的体制。这种演出方式一直为后世各地提线木偶所遵循。

---

① （宋）吴自牧：《梦粱录》卷20，《景印文渊阁四库全书》第590册，169页，台湾商务印书馆，1986年。

作为影响最广泛的偶戏，提线木偶艺术在宋代获得了广泛的认可，并以其独具特色的表演方式出现在多种绘画作品中。南宋刘松年所绘的《傀儡婴戏图》，比较完整地展现了提线木偶表演时的舞台状貌。淘气的孩子们用倾斜放置的凳子和八根竹竿，搭起了一架傀儡棚，棚上还挂着几个未上场的偶人。一个婴孩手拿由五根线索牵挂起来的木偶人舞动起来，他的小伙伴们则敲着鼓、打着钹、拍着板，一起玩耍，一起表演着故事。整个画面安静祥和，但是又不乏紧张肃穆。特别是操弄提线木偶的婴孩，紧紧盯着棚上的偶人，好像是生怕扭错了线，影响了演出效果。而其他三个婴孩同样紧盯着棚里的偶人，他们关注的可能是自己手中的乐器是否与偶人的动作合拍。孩子们的注意，集中在舞动的木偶。凝神静气的孩子们，灵活自如的偶人儿，各具情态。孩子因为心灵的波动而变得更加沉静，偶人儿则在运动中更显得身心无着。整个画面动静相宜，频生意趣。特别有意味的是，画家在画面的上方描绘了几只飘飞的蝴蝶，超然物外，寓意幽深。

南宋刘松年所绘《傀儡婴戏图》，
选自《中国木偶艺术》

而在另一幅画《骷髅幻戏图》中，南宋画师李嵩同样绘制了提线木偶的表演。只不过，他把木偶艺师和偶人都绘制成骷髅形

李嵩绘《骷髅幻戏图》

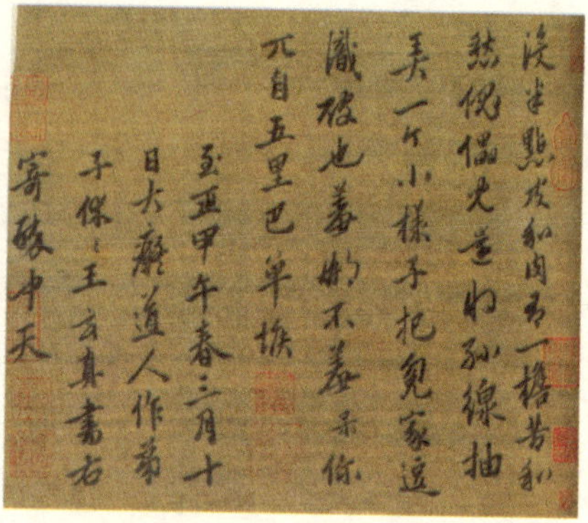

李嵩绘《骷髅幻戏图》黄公望题曲

状。画面上的骷髅偶人动作灵活，吸引了无知的婴孩伸手探试；孩子的母亲在欢快地欣赏偶戏时，不由地去追逐正在冲向偶人的孩子；而在木偶艺师的身后，一位正在哺乳的妇人，则安详地看着这一切。画面呈现的是一场提线偶戏的表演，却用极端的形象把人生空幻的观念赋予其中。两幅绘画采用戏剧风俗作为内容，均是当时普遍的画风；但是恬静的画面之下，却有着较深的宗教内涵。其实，提线木偶在中国汉代以后逐渐进入人们的生活，与佛教经典的翻译和传播有着密切的关系，偶戏所附着的人生如戏、四大皆空的终极思想，随着戏剧的发展也普遍渗入民众的生活中。从魏晋南北朝以来，众多的文人在他们的笔下，描绘了提线木偶戏的表演，也不断地重复表达着来自宗教启迪的人生感悟。或者如“烦恼自无安脚处，从他鼓笛弄浮生[①]”，略带着无奈

① （宋）黄庭坚：《山谷外集》卷6《题前定録赠李伯牖二首》之二，《景印文渊阁四库全书》第1113册，392—393页，台湾商务印书馆，1986年。

感伤；或者如“棚上偃师何处去，误他棚下几人愁”，颇带着惆怅怨恼；或者如“非惟儿童竞嗤笑，更被傀儡旁揶揄”，心怀大度达观。这些不同的感受，均与宗教开启的无常观念密切相关。这或许也是提线木偶作为戏剧表现形式被理性的文化思想赋予的一种传统吧。

明代以来，提线木偶戏已经能够敷衍大戏。在《金瓶梅》中，记录了提线木偶班在丧事活动中演出的《杀狗劝夫》等戏文。提线木偶演出成本大戏，既发挥了戏曲艺术以说唱歌舞表现故事情节的特长，也以最经济的成本实现了民间社会对于戏曲艺术的需要。因此，能够演出大戏的提线木偶，在中国各地也就拥有了持久的演出市场。《三才图会》附录了明代刊刻的《傀儡戏图》，画面展示的是在贵族家庭中搭台演出的场面。显然，这种偶戏在家班兴盛的戏曲演出环境中，能够占据戏剧欣赏的一席之地，没有可以与人戏相提并论的大戏剧目是无法实现的。在德国科隆博物馆保存的明代版画册叶中，就有木偶戏表演《西厢记》的画面，很能够展示木偶戏在明代演出大戏的基本风貌。直到当代，活动于各地的提线木偶戏仍保持着演出大戏的传统，这也是他们能够在数百年间长久维持发展的基础。个别地区的提线木偶，甚至拥有专门大戏以应付民间需

《三才图悔》所附偶戏演出版画

要。例如词明线戏的《华光传》、大腔傀儡《海游记》、莆田木偶戏演出的《目连救母》等等，这些大戏剧目均依附着特定的宗教信仰而保持着稳定的演出。

明清以来，各地提线木偶或者成为地方戏曲的翻版，或者与地方戏曲风格迥异，紧密地深入到民间生活，逐渐发展成具有地域特征的艺术品种。特别是部分省区的偶戏，不但流派众多、声腔复杂，而且具有各自不同的发展历史和艺术传统。下面，主要介绍一些以提线木偶著称的省区及其代表性的提线木偶。

一、陕西、甘肃、辽宁等地提线木偶

陕西、甘肃的偶戏演出拥有悠久的历史。汉唐以来的偶俑制作工艺，长安长期作为国家政治中心的独特历史，以及丝绸之路贯穿陕西、甘肃的特殊的人文地理，都为陕西、甘肃偶戏的发展提供了重要的基础。甘肃的提线木偶，也称做线胡子、耍杆子等，演出秦腔、眉户剧目。陕西偶戏，除了碗碗腔、阿宫腔、道情等演出声腔的皮影外，尤以合阳线戏最为古老和著名。

陕西合阳提线木偶《辕门斩子》，选自《中国木偶艺术》

合阳提线木偶，又名线吼、线胡、线猴、小戏，1957年定名线戏，民间称为合阳线戏。以陕西关中东府地区的合阳为中心，流行于陕西朝邑、大荔、澄城，以及山西芮城、河南灵宝等地。合阳提线木偶在明代已经广泛流行，到了明代崇祯年间，在提线的数量和偶人笼腹等方面进行过艺术改革，增加了艺术表现力。到清代中叶，合阳地区的木偶班社林立，兴盛的时候多达三十多班，涌现出一大批享有盛誉的偶戏艺人，并发展出多样的演唱风格。合阳提线木偶承袭了线偶调、乱弹调两大音乐系统，创编出数百本戏曲大戏剧目，尤以“三箱”（《百宝箱》、《西厢记》、《囊哉装箱》）、“二楼”（《谪仙楼》、《鸳鸯楼》）、“双钗”（《金碗钗》、《双凤钗》）最受欢迎。而艺人们即兴创造的小戏片段，俗称“梢戏”，因为通俗易懂、幽默风趣，在观众中颇受欢迎。

辽宁木偶以辽西提线木偶最为著名。1952年辽西木偶剧团的部分人员进京演出，之后与北京等地木偶艺人一起组建成中国木偶艺术剧团。其精湛的技艺和经典的剧目，在国内外备受瞩目。至今，辽西木偶仍然在东北地区享有盛誉。

二、福建提线木偶

从唐代以来，偶戏成为福建地区民众生活中不可缺少的内容，在福建七大方言区内，汇集各种形态的偶戏分支。以提线木偶而言，则以闽南泉州、闽西上杭、闽北南平、兴化莆田，以及闽中词明傀儡、闽东北四平傀儡等提线木偶具有代表性。尤其是泉州、上杭的木偶戏在海内外影响广泛。福建的提线木偶拥有多元的表演传统，在音乐声腔上汇集了傀儡调、兴化腔、四平戏、高腔、乱弹、汉剧等元明以来重要的声腔，和基于官话正字与方言白话的差别而出现的音乐风格；在演剧传统上有专门用作法事的法事戏、适应于民俗表演的社戏和具有纯粹娱乐性质的戏剧演出等多种形态；从剧目文学上有专门宣讲历史故事的讲史话本，承袭了元明时代南戏、传奇演剧传统的古老剧目，和具有乡土气息的地方戏剧剧目等。

泉州提线木偶，旧名“嘉礼”，流行于泉州、晋江为中心的闽南语地区。泉州提线木偶承袭了宋元时期闽南地区傀儡戏的艺术传统，以傀儡调的演唱为中心，并吸收明代以来南音、泉腔的音乐元素，逐步发展而成，并形成了《目连》、《唐王》、《西游》等连台本大戏的演出传统，在当地诸地方戏曲剧种中具有重要的艺术地位。清代文献《晋水常谈录》对泉州木偶宛若真人的雕刻艺术和操作水平，给予了很高的赞誉，并称此项技艺以泉州人最为善巧。至今，泉州木偶戏更以精彩绝伦的表演艺术而享誉海内外。

泉州民间演出的提线木偶

上杭提线木偶，是闽西木偶戏的代表，据传在明代初年由浙江传来，明末清初以来以演出《香山传》、《华光传》、《夫人传》为代表的“香火戏”，成为闽西赛会民俗中不可缺少的演剧形式。清代中叶以来，上杭提线木偶拥有一百多个戏班，达到全盛。上杭木偶在原来演唱高腔等声腔的基础上，逐渐地随着时代变迁而不断吸收时尚戏曲元素，目前主要以演唱西皮、二黄为主的闽西汉剧为主。其表演科步有较多固定的程式，老生走八字步，旦角走小步，文官脚低，武将脚高，武角出台要“打四角台”，文角要“走四角台”，丑角要“小开门”、“大开门”，动作不同，各具特色。

莆仙提线木偶戏，也称兴化傀儡、柴头仔戏等，在宋代就以高超的演技进入文人视野，被古老的莆仙戏视为“戏兄”，至今在兴化方言流行的莆田、仙游两县拥有广泛的群众基础。上世纪末，流传于两县的木偶戏班多达百个，特别是黄石、华亭和仙游榜头等地区的班社最负盛名。莆仙提线木偶戏的演出，紧密附着在民俗生活的基础上。特别是具有浓郁宗教祭祀色彩的《目连戏》、《瘖戏》、《愿》、《北斗戏》等，在中国戏剧发展史上独具特色。

三、江苏提线木偶

江苏提线木偶主要集中在苏北一带，据说从山东流传而来，清代以来在“带叫子”的传统配音基础上，吸收了徽班剧目及其声腔，而逐渐发展壮大，影响波及至苏南、上海等地，以兴化县的提线木偶最具代表性。而苏州吴江的提线木偶则以演唱昆曲而著称，至今可演的剧目有《长生殿》、《蝴蝶梦》、《邯郸梦》等二百余出。

在江苏提线木偶中，还有一类极为特殊，也被称做扇子戏、一线木偶等，主要流传在如皋等地。扇子戏用一根丝线作为木偶行动的轨道，而偶身则固定在操持于表演者手中的折扇，通过扇骨的顶、拉、提、捻等技巧，使其做出多种动作。

江苏如皋扇子戏
选自《中国木偶艺术》

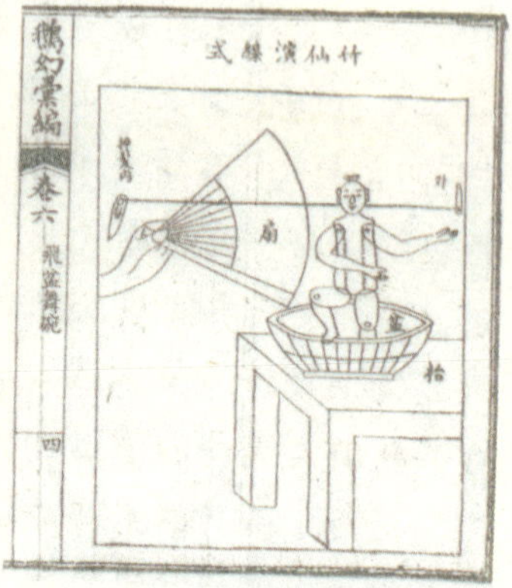

《鹅幻汇编》所绘“竹仙演线式”展现的一线木偶　傅起凤供图

四、浙江提线木偶

浙江偶戏在宋代有过非常兴盛和辉煌的历史。《杭俗遗风》记载了清代杭州提线木偶的演出盛况，特别提到在生日和节日表演偶戏的习俗，并说“抬步举措，宛然如生[①]”，显示出高超的提线水平。在浙江的提线木偶中，泰顺木偶、平阳木偶、英川木偶历史悠久，至今仍保持着旺盛的生命力。

泰顺木偶戏，早期唱高腔，不需伴奏，仅一人帮腔，以后逐渐改唱乱弹、和调和京剧。至清代末期，约有120多家戏班，擅长演出《陈十四传》、《西游记》、《大帝爷传》等大戏，和《断桥会》、《快活林》、《狮子楼》等短剧折子。

① 《杭俗遗风》，转引自刘霁、姜尚礼主编：《中国木偶戏艺术》，184页，中国世界语出版社，1993年。

平阳木偶戏是温州源远流长的戏剧艺术所孕育出来的偶戏品种，基本上以民间庙会为载体，广泛地表演于基层社会的日常节庆活动中，特别是平阳木偶剧团在其百余年的建团历史上，不断地融合杖头、布袋、人偶等偶戏艺术精华，在传统基础上不断地提高技艺，创造艺术精品，作为浙江省仅存的木偶剧团在国际享有盛誉。

浙江泰顺木偶　曹娟供图

英川木偶，也称做乡戏，是浙江丽水地区景宁畲族人民喜闻乐见的提线木偶形式，早在民国时期就已经建立剧团，能够演出《天宝图》、《双珠球》等百余出剧目。英川木偶的唱、念、做、打，特别是表演过程中许多繁难的动作，都全凭一人进行，艺术技巧比较高超。

五、广东（粤东）、广西提线木偶

广东提线木偶，也称做线戏、吊线戏、木头戏、柴头戏等，主要集中在以梅州、兴宁、五华、大埔等地为中心的粤东客家地区以及粤北龙川等地。其形制和表演与闽西提线木偶基本相同，唱腔用宗中州韵的广东汉剧声腔，说白则用梅州客家话，表演则以耍杂技为主要特点，擅长表演舞蛇、舞葫芦、射箭等内容。昔

梅州提线木偶《花子进城》，选自《中国木偶艺术》

日在粤东的潮汕方言区内活动的提线木偶，则大多来自于江西、福建等地。以珠江三角洲地区为中心的粤中一带，也流行着较为独特的提线木偶戏，被称作大棚戏、扯线公子戏等，采用台上、台下一齐帮唱的演唱方式，呈现出较为古朴的艺术风格。

广西木偶戏以靖西县提线木偶最具代表，也称木雕戏、土戏。由于演唱时多用"呀哈嗨"作为衬腔，故又称"呀嗨戏"。是保留在壮族地区的代表性偶戏，流传于靖西、德保、天等一带，在平板、叹调、喜调、哭调、平高调等音乐基础上，采用靖西壮族民歌的格律音韵，颇具民族风情。至今保留着五根提线的古朴特征，擅长演出《三国》、《水浒》等成本大戏。

广西木偶

六、四川、湖北提线木偶

四川的提线木偶以梓潼阳戏最为著名[①]。梓潼阳戏较多地流行于四川绵阳的梓潼、广元射箭等地，

① 于一等：《四川省梓潼县马鸣乡红寨村一带的"梓童阳戏"》，施合郑基金会《民俗曲艺丛书》，财团法人施合郑基金会，1994年。

是传统社会中用以驱除瘟疫的傩戏艺术品种。其表演具有较为严格的仪式，包括开坛仪式、天戏表演、地戏表演、安神归位等内容。特别是在“天戏”的表演中，要以提线木偶扮演的32位神灵作为演出主体，用以表达迎请三十二位神仙进家，酬神还愿，驱邪纳吉的美好愿望。这是一种具有较强的宗教色彩的提线偶戏。

恩施沙地乡提线木偶是湖北偶戏中较为古老的一种。施恩沙地木偶，采用恩施南剧的演唱形式，形成了北路、南路、上路、四平的风格差异。

梓潼阳戏木偶
选自《中国木偶艺术》

杖头木偶

杖头木偶，古称杖头傀儡，民间多称做托戏、肘偶、托偶戏等。基本上通过木杖（称做命杆）支撑偶身，两个手杆支撑木偶的双手来表现人物，塑造戏剧场景。由于易于操作，且木偶形体较大，便于观看，因此杖头木偶广泛流行于中国各地。

杖头木偶至迟在唐代已经出现，敦煌莫高窟31窟盛唐壁画《法华经变·随喜功德品》中的图像，显示了这种木偶的大体形制。到宋代的勾栏瓦舍中，杖头木偶戏的表演已经基本完善，以

宋代铜镜上的杖头偶戏
选自《中国木偶艺术》

演出"巨灵神"、"姬大仙"等类虚多实少的灵怪形象而著称，并且涌现出了任小三、陈中喜、刘小仆射、张小仆射等技艺精湛的木偶艺术家。杖头木偶的艺术形象也出现在与人们生活相关的器皿中。例如河南省济源县出土的宋代瓷枕，即有童子手执杖头木偶玩耍的图像。从孩童身边的其他玩具来看，图像中的杖头木偶更多属于玩具性质。但是在河南南召县云阳宋墓出土的砖雕上，则有孩童手拿杖头木偶，配合着另一孩童打锣的形象，这应该属于戏剧表演了。中国历史博物馆所藏南宋铜镜展示了较为完整的杖头木偶的表演。在铜镜正中，一童子双手各举一杖头傀儡，高出布幕，进行表演。而在布幕之前，不但有孩童观看，而且还有一席地而坐的女童正在敲鼓，在他们身边散放着拍板等物。此外，在山西繁峙县岩山寺的金代壁画中，也有关于偶戏的画面，虽然这幅图像经常被学者引用为皮影戏的实证，但是从画面中手拿杖杆的孩童来看，这幅图像中应该有表演杖头木偶戏的可能。

明代于慎行在《谷山笔尘》一书中，提到了"以手持其末，出之帷帐之上[①]"的傀儡戏；清代《扬州画舫录》在描述扬州韩

① （明）于慎行：《谷山笔尘》卷144，155页，见《元明史料笔记丛刊》，中华书局，1984年。

园酒肆中演出的偶戏时，也说“隔以纱帐，运机之人在帐内游移转动[①]”。这正是明、清两代杖头木偶的基本演出面貌。从形制上而言，各地杖头木偶的体形并不一致，按照偶人身高，可分为大、中、小三类，大木偶类同真人，身高可达 140 厘米左右；小木偶仅为四五十厘米；中型木偶是最流行的一种，一般身高 70 至 90 厘米。而且基于表演人员的多少，形成单人演出（也叫小班）、三至四人演出（也叫中班）和十人以上演出（也叫大班）的演出模式。明清以来，杖头木偶比较广泛地出现在各地，并结合各地风俗和地方戏曲艺术，产生出各具地域风格的杖头偶戏品种。

一、北京及河北、山西、甘肃等地杖头木偶

齐如山在《托偶戏》一文中说，杖头木偶戏在北方数省都有，这比较符合清代以来杖头木偶在北方地区的发展历程。北京的偶戏，最著名的要数明代宫廷演出的水傀儡。到了清代，随着水傀儡的式微，其他偶戏品种越来越焕发出艺术生命，并在百姓生活中占据重要的位置，尤其是杖头木偶取得了较大的发展。

中国木偶艺术剧团演出的《恶魔》

杖头木偶在北京地区，也被称为托偶、肘搂子、钻筒子、戳偶等，因为个别杖头木偶的偶身较

① （清）李斗：《扬州画舫录》，263 页，中华书局，1960 年。

大，因此也被称做大苟利子，河北吴桥一带也称它为大肘戏。崇彝在《道咸以来朝野杂记》中，介绍了在豪富人家的宅邸堂会演出的“大台宫戏[①]”。所谓的大台宫戏，就是用隔扇将专用的小型舞台围住，以便将表演者、演唱者和场面锣鼓等都隐藏在里面。演出时，表演者与观看者互不相见，而木偶的装扮与表演，就像真的戏曲演员在表演一样。大台宫戏在宫廷演出时，当时的承应伶人在幕后代唱，因此又有“钻筒子”的称谓。《旧都文物略》就说这种偶戏“朱栏绣幌，华丽谲皇[②]”。显然，这种杖头木偶无论从表演的水准，还是场面的豪华精妙，都是民间戏班无法比拟的，因此也只能是王宫府第里的享受了。因为大台宫戏的观众群基本是贵族、宫廷，演出的声腔剧目也就自然随着北京地区宫廷演剧的习尚发生变化，昆曲、乱弹、京剧成为它依附的声腔。

河北吴桥扁担戏舞台
选自《中国木偶艺术》

而在北京平民阶层最盛行的却是一个人就可以演出的扁担戏。这种偶戏形式介乎杖头木偶与布袋木偶之间，广泛活跃于河北民间。新中国建立后，扁担戏艺人与来自辽宁的辽西木偶队等机构，共同组成

① （清）崇彝：《道咸以来朝野杂记》，93—94页，北京古籍出版社，1982年。

② 转引自刘霁、姜尚礼主编：《中国木偶艺术》，214页，中国世界语出版社，1993年。

中国木偶艺术团，他们学习了湖南祁阳杖头木偶的表演方法，成为国内外影响较大的杖头木偶表演团体。

此外，北京还有一种杖头木偶，被称做推偶。清代黄竹堂的《日下新讴》对北京的木偶戏有诗说："丝牵板托竿头戳，弄影还从纸上看[①]。"他在对这首诗歌的注释中，提到了木偶的几个分类，其中，用长丝线牵引的称为"提偶"，这就是常说的提线木偶；"有置于竿首自下持之运动者"，称为戳偶，这就是上面提到的普通的杖头木偶。还有一类"板托平移者"被称做推偶。显然，这种推偶采用的仍然是杖头木偶的原理，但不用木杖，而用板来支撑偶身。正是这种杖头木偶的基本特点，这样的制作工艺，实际对偶人的动作有所限制，可以看出，推偶主要是在民间进行演出的。

河北吴桥杖头木偶偶头
选自《中国民间美术全集》

河北的杖头木偶主要集中在中南部地区，尤以晋州、吴桥、馆陶等地颇有影响。晋州木偶的制作和表演具有悠久的历史，其偶人制作拥有较为丰富的艺术经验，形成了行当艺术与偶人雕塑相结合的艺术风格。馆陶县木偶，也被称作肘大偶，较广泛地流行于河北、山东交

① （清）黄竹堂：《日下新讴》，见（清）单学傅辑：《海虞诗话》卷8，4—5页，1915年铜华馆铅印本。

晋南木偶《全家福》

界地区，因为附属声腔与流行当地的戏曲音乐有所不同，而具有较强的艺术生命。

山西木偶以杖头木偶为主，俗称肘偶，在晋中、晋南等地流传较广。一般采用流行大戏如晋剧、蒲剧、眉户作为演唱声腔，因为与皮影合班演出，逐渐形成了白天演木偶、晚上演皮影的演出体制。晋南的浮山木偶因为只演偶戏，其技艺也最为熟练，特别是20世纪50年代还保存着的双手平举操木偶的表演方法，并且由表演者边演边唱，附带着“隔帘表古”的传统表演。而晋中木偶则举在头顶进行表演，同时由专门的配唱者负责演唱，解放以后，晋中地区成立了孝义木偶剧团，逐渐改良木偶，提高技艺，成为山西颇具有影响力的代表性木偶剧团。

甘肃杖头木偶，也叫肘猴子、肘胡子、耍杆子、泥头子等，曾经是甘肃民间生活中不可缺少的娱乐神人的艺术。甘肃木偶头像，有木制、泥塑等形式，技艺精湛。特别是木制偶头，眼睛、嘴部都可以活动，净、丑角的偶头则绘以甘肃秦腔的脸谱，形象夸张，绘制精巧。其演出剧目多为《水浒》、《西游记》、《封神》等连台本戏。

此外，河南的杖头木偶也被称作肘偶、大头偶、抱偶等，较广泛地活跃在基层社会。

二、四川杖头木偶

四川偶戏在宋代就以百余人的“川鲍老”而闻名。而四川木偶戏则从川剧五种声腔中汲取艺术养分，逐渐成为四川民间演剧的主要形式，其数量众多的木偶班社，大大超过了川剧班。在各类型的偶戏中，尤以川北杖头木偶、成都木偶最具代表性。

川北偶戏《白蛇传》 选自《中国木偶艺术》

川北木偶，也被称做木脑壳戏，分大、中、小三种形式。前二者分别被称做大木脑壳（大木偶）、二木脑壳（二木偶），小木偶也称做精木偶、京木偶。川北大木偶的体形与真人接近，在演出过程中往往与真人同台，即由幼童站在成人肩上与木偶共同完成。甚至由真人充当主角，木偶充当配角，这种被称做“阴阳班”的演出体制，也被认为是宋代肉傀儡的遗存。川北大木偶最初以家班演出的形式流传，解放初流传下来的只有李家班最为著名，后成为南充木偶剧团（原为仪陇县木偶剧团）的主要演出班底。川北木偶表演精致，动作真实优美，刻画人物心理比较细腻传神，特别是变脸、换衣、吐火等特技与人戏不相上下，叹为观止。

成都木偶与川北木偶形制相同，在发展过程中，不断吸收民间歌舞、戏剧艺术以及南北各派木偶的艺术表演经验，独创了变脸、吐火、摘花、转帕、长绸、帽翅、翎子等舞蹈特技，以技巧

四川成都木偶的大木偶、二木偶、精木偶　选自《中国木偶艺术》

性高超而闻名国内外。

三、湖南、贵州杖头木偶

湖南偶戏，也称做木脑壳戏、举偶、矮台班等。因为木偶戏的演出与人戏相比有舞台小、角色造型小等特点，因此相比人演的“高台班”，偶戏也就有了“矮台班”的称谓。湖南偶戏形式多样，遍布各地，虽然常常以当地流行剧种作为主要声腔，但是在许多古老剧目，如《目连》、《观音》中却保留了更为古老的声腔特点。湖南的湘剧老艺人甚至称木偶班艺人为“大师兄”，以示偶戏的生成历史之早。湖南各种偶戏在历史发展中，创造了很多独特的艺术表现，清代后期木偶经过改良，并吸收地方大戏，涌现出演唱祁剧弹腔的祁阳派、演唱长沙湘剧的衡山派、演唱辰河高腔的龙山派、演唱常德汉剧的常德派。解放以后，湖南

湖南省木偶皮影艺术剧团《追鱼》
选自《中国木偶艺术》

的杖头木偶获得了长足的发展，在国内外颇有盛名。

湘西杖头木偶，主要流行于湘西怀化、溆浦为中心的湘、鄂、川、黔等地，一般配合宗教祭祀活动。特别是伴随着古老剧目《目连传》、《香山》而演出的偶戏，在土家族、苗族、汉族聚居地拥有广泛的影响。

石阡木偶戏是贵州东北部地区具有代表性的杖头木偶，又称傀儡戏。据说明代由湖南辰、沅一带传入，主要流传于石阡为中心的湘、鄂、川交界地区。解放初，有泰洪、太平、兴隆、天福、杨本家等木偶戏班，颇负盛名。石阡木偶戏的表演，形式独特，木偶的眼珠、嘴唇可以活动，并装有裤腿和双脚，因此，在表现人物情态动作的时候，动作丰富，表情细腻。

四、广东、香港、广西杖头木偶

杖头木偶在广东主要分布在粤中、粤西、粤北龙川一代，也被称做托戏、手托公仔戏、鬼仔戏、傀戏等。按照木偶的结构，广东杖头木偶又分长颈（也称抓颈）、短颈两种形态。前者主要以粤西为代表，后者以珠江三角洲的粤中地区为代表。

广东木偶杖头
选自《中国木偶艺术》

粤西杖头木偶据说从福建传来，清代中叶以来得到迅速发展，口述记录的传统剧目有六十多个。粤西木偶按照演唱方言的不同，而有粤剧木偶和方言木偶的区别。粤剧木偶使用广府白话作为说唱的标准，演唱的声腔基本上与粤剧一致；而方言木偶则有茂名、化州、电白、吴川、雷州、廉江等多种语言的不同，声腔则采用山歌等地方曲调，除了廉江木偶有管弦伴奏外，其他地方的木偶均采用锣、鼓、钹等打击乐器来演唱七字句式的韵文。粤西方言木偶在各个地区的发展也不一致。例如茂名杖头木偶，同时也兼容了从闽南传来的布袋木偶（也称做扁担戏），出现了由一个人表演的小班体制。而高州杖头木偶，在清末则发展成中班，以表演高难动作而著称。

香港杖头木偶系民国时期从广东传入，在20世纪80年代又学习了湖南杖头木偶的技法和剧目，在香港地区较有影响。尤其是用木偶戏演出的神功大戏，将偶戏艺术与粤港地区的民间祭祀礼仪结合起来，显示出较为浓郁的民间特色。

香港杖头木偶偶头　选自《中国木偶艺术》

而粤北龙川的杖头木偶主要活跃在客家方言为主的地区。20世纪50年代中期，龙川木偶的主要演艺人员远赴广西南宁，组成广西木偶剧团，成为有较大影响的木偶表演团体。

五、江苏杖头木偶

江苏省泰兴县杖头木偶《甘露寺》

选自《中国木偶艺术》

江苏的杖头木偶，又名托偶、托戏，俗称三根棒、三根摆，主要流行于泰兴一带。江苏杖头木偶有着辉煌的发展历史，清代《扬州画舫录》中就记载了乾隆时候的扬州韩园，在清闲的时候设立酒肆，演出“高二尺、有臀无足”的杖头木偶戏。这种木偶形制和演出方式，曾经一度是江苏地区木偶戏的主要存在状态。解放前夕，江苏木偶戏班多达数百，仅泰兴就有一百多家，以京剧作为主要的演唱声腔。

如皋木偶以运用京剧表演程式作为特征，能够上演《借东风》、《白蛇传》、《杨家将》等一百多出剧目，并逐渐探索出人偶同台、灯彩等表演形式。泰兴木偶的传统表演特征较为浓郁，一直保留着搭台、开锣、祭祀、祝颂等传统仪式，并与基层社会的节庆活动结合，演出《三国演义》、《水浒》、《包公》等长篇大戏。

扬州杖头木偶是解放以后在整合周边地区的偶戏团体基础上，重新恢复的偶戏品种，在国内外有着较为广泛的影响。其特技艺术精美绝伦、出神入化，特别是独特的艺术程式，如兰花指、反掌、揉手绢、扇舞、水袖、木偶书法等，能够活灵活现地塑造艺术形象，表现戏剧情境，令观众叹为观止。

布袋木偶

布袋木偶，又称掌中木偶、掌中戏等，因为表演规模有所不同，在各地又有不同的别称。布袋木偶的偶身仅高尺余，除了偶头、双手外，均靠服装来表现偶身；在表现人物故事的时候，全部依靠伸入偶身的手指头控制。布袋木偶在发展过程中，发明了用小竹签在偶人袖口捻动的技巧，丰富了手臂动作，而历代不断发展的表演技术，也使这种偶戏能够完美表现腾跳、搏杀等高难度的武打动作。

长沙马王堆一号汉墓出土的麻衣小木偶虽然被看做掌中木偶戏的滥觞。但是，这种完全依靠手指表现人物的偶戏，却在历史记载中并不多见。清代《扬州画舫录》中记录了安徽凤阳人在扬州“围布作房”，演员在里面表演布袋木偶戏。这种戏多被称做“扁担戏”[①]、“蚊帐戏”，由于道具不多、行动方便，因此容易流动演出。而在以福建为代表的中国南方，这种偶戏也深入民间，并且在民间文化土壤中不断地凝练出精致动人的艺术经典。

清代被单戏图　选自《中国木偶艺术》

① （清）李斗：《扬州画舫录》，263页，中华书局，1960年。

一、北方布袋木偶

扁担戏演出　傅起凤供图

民国年间的布袋木偶　傅起凤供图

布袋木偶在北京也被称做扁担戏、苟利子、乌丢丢，昔日由一人肩挑戏具撂地演出。这种表演，由一个人在布幔之中，头顶小台，进行表演。清代北京的扁担戏，主要演出剧目有《打虎》、《跑马》等以简单故事、简单人物为主的小戏。而在无名氏所撰《一岁货声》中，还记录了扁担戏的“八大出”：《香山还愿》、《铡美案》、《高老庄》、《五鬼捉刘氏》、《武大郎诈尸》、《卖豆腐》、《王小儿打虎》、《李翠莲》。由此看来，这种布袋木偶的表演、唱做还是很动人的。河北吴桥的布袋木偶形式简便，造型质朴，对北京等地布袋木偶的形成，产生过重要的影响。

二、南方（福建、台湾、湖南）布袋木偶

除了北方地区以及上海等地称布袋戏为扁担戏外，布袋木偶在各地还有很多异称，广东称做单人帮，湖南称做千担戏，安徽称做肩担戏，浙江称做单档布袋戏，四川称做被单戏，福建称做单人指花戏，台湾称做手托傀儡戏、掌中戏，等等。这种关于布袋戏的许多地方俗称，都来源于布袋木偶戏的简单便利。

闽南地区拥有广泛的影响，并且在个别地区，如同安等地，几乎家家户户都能表演布袋戏。布袋木偶以演唱南音泉腔为主，与泉州提线木偶的演唱比较接近。

漳州布袋木偶，也被称做北派布袋戏、漳州派，主要流传于漳州等地。闽南布袋戏在清代以来受到北方乱弹腔影响之后，逐渐形成了以演唱西皮、二黄为主的声腔特点。当地人称这种声腔音乐为“北管”，因此此类布袋戏即被称做“北派”。北派布袋戏在清代形成了福春、福兴、牡丹亭等流派，影响广泛。在不断发展的过程中，北派布袋戏的声腔在不少地方也改成了歌仔戏。漳州布袋木偶的代表作《大名府》、《雷万春打老虎》等，均是享誉全国的经典之作。

台湾的布袋木偶，随着清代以来福建、广东移民的入台而逐渐发展起来，因为移民的族群特点而形成南管、北管、潮调三个流派，并且以使用歌仔戏唱腔的漳州系北派风格为主要 代表。台湾布袋木偶在半个多世纪的发展中，在传统偶戏基础上，不断地吸收时尚艺术，改变偶身造型，并引入现代商业运作，与电视传媒相结合，形成了影响广泛的金光布袋戏，显示出浓郁的现代韵味。

台湾布袋木偶《西游记》 选自《中国木偶艺术》

湖南的布袋木偶戏，以邵阳布袋戏最具代表。这种依靠一个艺人进行表演的布袋戏，不但文戏、武戏由一人表演，而且吹拉弹唱均由一人担当，手指技艺精巧灵活。其唱腔依附祁剧声腔，在湖南南部地区较有影响。

铁枝木偶

铁枝木偶，也称铁枝戏、铁线戏、纸影戏。是通过铁枝抽动木偶的躯干和两肢进行表演的偶戏品种，主要流行于粤东潮汕方言、福建闽南方言地区。铁枝木偶的表演方式介乎提线木偶与皮影艺术之间，表演者无论坐立，都是在偶人的后面进行操纵，这就使跑圆场、转身、转头等动作较难展现，但比较适合表现转盘、举瓮、点香、斟酒、摇扇等杂技动作，其表演技巧与皮影有很多类似。因此，这种艺术应该属于两种偶戏之间的过渡形态。

潮州铁枝木偶
选自《中国木偶艺术》

潮州铁枝木偶，也称做抽纸影。一般认为是在清代后期，将传统皮影戏加以改造，撤去皮影纱窗，将皮影改作草扎圆身、泥塑偶头的阳身纸影，并用铁箸进行操纵表演，逐渐形成了流行闽粤两地的纸影戏。随着潮汕民间艺术在生活中的广泛流传，潮州铁枝戏的工艺更趋精良。特别是潮州浮洋镇的泥塑传统，为铁枝木偶的造型艺术带来了更多的创造空间。解放之前，潮州地区活跃的纸影班社近百个，艺术创作非常繁盛。潮州铁枝木偶主要以潮剧作为主要声腔，以前也用汉剧作为附属声腔，确实是粤东人民喜闻乐见的艺术样式。香港、澳门的铁枝木偶，系由说潮汕语的潮汕人传入，一般演唱潮剧及潮调歌曲为主，在潮州籍的港、澳族群中具有一定影响。

铁枝木偶　曹娟供图

福建铁枝木偶，也称做铁线戏、尪仔戏，比较流行于闽南诏安、云霄、龙溪、平和等县。在闽南民间向来有元宵节张灯彩的习俗，昔日被称做鳌山灯。即在精巧的灯彩中安置土木偶人，展示戏剧故事的一些场面。特别是这些偶人通过机关控制，还可以灵活转动。这种文化习俗成为闽南铁枝木偶发展、成熟和不断创造的温床。闽南铁枝戏在清代中叶以后由广东饶平传入，不断地得到艺术推进，木偶可以表演雨伞开合、翻书写字、舞剑射箭等高难度的动作；其传统唱腔分潮音、汉调两种，特别是潮音系统的剧目大多采用潮剧剧目，表演风格也与潮剧相同，因此有“铁线戏是潮剧的后备力量”之说。

人偶、肉傀儡

人偶戏，顾名思义，就是人偶同台的戏剧样式。在当代中国的众多偶戏中，只有川北大木偶和海南人偶戏，保留了这种人偶同台的表演。不过，如前所述，在川北大木偶中，因为偶人的高度接近真人，因此会用幼童站在成年人的肩上，以便于和偶人一起表演故事。而海南人偶戏则是操纵木偶的表演者身着戏服，他们既是木偶的操纵者，也是戏剧中的角色，实际上与木偶共同扮演一个角色。显然，两种木偶虽然都可以称之为“人偶”，但性质却有所不同。关于人偶戏的历史，人们比较多地与宋代文献记载中的“肉傀儡”建立联系。在《武林旧事》中记载了表演肉傀儡的著名艺人张逢喜、张逢贵，但是由于资料有限，还是不能很好地呈现这种偶戏的历史面貌。不过，从个别文献中，似乎也可以推测出“人偶”在明清时代的一些存在状态。

在明代杂剧《真傀儡》[①]中，描述了一场特殊的戏曲演出。在剧中展示的桃花村的社日赛会上，一班新到的偶戏，引起了人们的兴趣。因为人们往常见到的都是傀儡妆人，而这个新班子竟然是“人妆的傀儡”。在这个偶戏班表演的每个节目，都是由“耍傀儡”的角色进行介绍，并通过一支曲牌来描述故事内容，整个故事全部由扮演者用动作表现出来。从剧中人插科打诨的语

---

① （明）王衡：《真傀儡》，见《盛明杂剧》本卷26据诵芬室本影印，中国戏剧出版社，1958年。

言来看，这种偶戏如果来不及化妆，还可以通过戴面具来代替。无独有偶，在明代传奇剧本《鹦鹉洲》[1]中，以戏中戏的方式，也描写了一出特殊的戏剧表演。故事中的主人公点了一出描写楚襄王巫山云雨梦的《傀儡梦》。引戏的人在详细介绍了故事情节后，便说“傀儡来了”。于是，梨园子弟扮演的角色纷纷上场，故事中的每个情节都完全靠演员们的动作科介来完成，而每个角色的上下场，都要全部听从引戏者的命令召唤。演出结束之时，引戏者说“出场了也”，说了两句下场韵文，即告结束。这两出戏曲的表演模式几乎相同，表演者依靠动作来表演故事；至于故事提示、人物名姓及其上下场，都需要引戏人来引导。显然，这种表演与中国戏曲史上的许多表演形态是不同的，而所谓“人妆的傀儡”，甚至还要戴上面具，则显示了这种特殊的表演形态与木偶戏的相似性。

泉州提线木偶开台的“出苏”

非常有意思的是，在昔日福建梨园戏的小梨园七子班的演出中，也有一出《出苏》，和上述表演几乎相同。这出戏本来是梨园戏为驱煞保平安的一出仪式戏。具体的演法是，在戏台上横挂一条线绳，上面垂一块红毛毯，用来表示提线木偶戏的幕布。由

① （明）陈与郊：《鹦鹉洲》第6出，见《古本戏曲丛刊二集》影印明世德堂刊本。

小梨园班的生角扮演梨园戏的戏神，而老艺师则站在红毛毯后面的桌子上，模仿提线木偶师傅的动作，来操纵红毯前的生角；生角也要随着老艺师的手势，做出各种舞蹈动作。在整个仪式戏剧中，生角表演和泉州提线木偶的表演完全相同，而仪式过程中唱诵的文词，则由老艺师和文武场面共同完成。而在清代福建莆仙地区的地方文献中，也有一条类似这样的记载。其记载说，在宋代的蔡京的生日宴会上，有人用丝线系住小孩的四肢，模仿提线木偶戏进行表演，称为“肉头傀儡”。

上面四条资料当然不能恢复历史面貌，但是四条资料却反映了一个事实：人模仿木偶动作，确实在戏曲史上是存在的。实际上，福建的莆仙戏、梨园戏等古老的剧种各个行当的动作，都被称做“傀儡介”，至今呈现着浓郁的木偶戏的姿态。而受这些剧种影响的高甲戏等剧种，也以形似木偶的“傀儡丑”而著称于世。从这些历史的点点滴滴，可以说“人偶”应该是包括了类似于人模仿木偶的这种形态的。

川北大木偶和演员
选自《中国木偶艺术》

关于肉傀儡的有很多说法。有的人认为肉傀儡指的事是至今活跃在民间的抬阁、飘色；有的认为肉傀儡就是依靠手指表演的布袋木偶；有人认为其表演形态与戏展示的人偶同台，实际上也客观默认了偶的人性化特征和人的木偶化特征，也应该是“人偶”应该包括的范畴。或许这两种表演状态，也应该是古代肉傀儡的形态之一吧。

海南人偶最初只是存在于驱妖镇魔的宗教法师活动中。在清代初年，海南临高等地就已经存在崇尚神道的社会风俗。每到节日庆典的时候，当地男女巫觋将木偶放在肩膀上，互相对唱，通过这样的方式表示代神来驱除魔障的文化心理。这种将人、偶放在一起唱歌表演的习俗，正是人偶戏产生、发展的社会基础。

海南人偶

海南人偶戏，也称做佛子戏、公仔戏、木头班，主要流行于海南西北部的临高县及海口、澄迈、儋州等市县中临高方言流布的乡镇。人偶演出时需要人与偶同台表演，即表演者化妆登台，手中的木偶和自己的动作要保持一致，表演者用身段步伐、面部表情，补充、丰富木偶的不足；而被举起来的木偶则以高长的姿态、夸张的动作，补充了人的身躯的有限，二者共同塑造同一个角色。这种形式非常类似杖头木偶，但是却不需要像杖头木偶那样用帷帐把演员与观众隔离开来。海南人偶戏在长时期的演出中，形成了演出提纲戏的剧目特点，也称作“白肚戏”，没有固定脚本，依靠演员套用固定的剧情场面，临时发挥，因此，也称作“公式戏”。

海南人偶的传统音乐只有来自本地民歌的“啊啰哈”和来自道教音乐的“朗叹”两种腔调，演唱时用“啊”、“啰”、“哈”三字作为衬字，演唱动听，气氛热烈。三百多年来，不管什么剧目都是一腔到底，而观众却乐此不疲，实在是中国戏曲发展史上非常罕见的现象。

水傀儡、药发傀儡、皮影戏等

水傀儡，古称做水饰、水戏、水嬉，实际上是借助机关牵掣在水中进行表演的一种偶戏。从魏晋南北朝以来，中国水傀儡的制作技术不断提高。特别是在魏、北齐、隋三个历史阶段，水傀儡的形制越来越趋向庞大，而技术也越来越趋向精深，机械化的人物在这些装置中也越来越多，越来越灵活。特别是那些奇幻乖丽的表演，往往把人们想象中的仙境、神佛表现出来，为现实世界赋予了出人意外的新奇感受。随着中国戏曲艺术的发展，水傀儡也引入了宋代杂剧艺术的时尚表演。在当时的汴梁宫廷中，有专门的水殿来负责水傀儡的演出，水傀儡的装置则安放在船上。在表演时通常由乐人中的参军色来致语，介绍偶人表演中的细节，然后木制的偶人、鱼虾等形象共同完成故事情节。这种用来表演戏剧的水傀儡，由于“水”在戏剧演出中的背景，往往会表演鱼龙变化、水上战斗之类的剧目，这也正是它与其他偶戏相区别的特点。宋代的水傀儡艺人，如刘小仆射、桃遇仙、赛宝哥、王吉、金时好等，或者承应宫廷，或者在大型的节日庆典进行表演，都是当时最负盛名的演员。水傀儡在他们的参与下能够“功艺如神”，呈现出极高的观赏性。

水傀儡特殊的装置以及这种艺术形态长久依存于宫廷生活，使它成为难得一见的偶戏。因此，不少规模较小的水傀儡形式也就应运而生。在宋代宫廷和都城中，还有一种小型水傀儡被称做“水戏”、“水嬉”，很像今天在水族馆中看到的训练表演。在宋代，所谓的“教舞水族”，就是让那些驯化了的水族按照人的意志进行表演。这种娱乐方式通常用小铜锣敲打节奏，通过呼唤鱼虾水族的名号，令其浮出水面，借助各种戏具进行舞蹈化的表演。这些鲜活的生命显然与传统意义的傀儡有所不同，但是作为人可以操纵的外物，能够驯服他们实际上并不比无生命的傀儡容易。到了明代的水傀儡戏中，正是将这种训练鱼虾的表演和传统的机械水傀儡相互结合起来，在明代宫廷一直保持着长期的演出。明代的水傀儡用较轻的木质来雕刻偶像，装在长竹板上。通常在表演时会将它们放入木池中，木池里放鱼虾等水族动物，并用沙围屏隔断，以便于表演者能够在里面操纵。表演的时候，由乐官将偶人浮于水面，并在旁边敲打锣鼓，替木偶赞导喝彩，宣讲题目。水傀儡的演出剧目通常与奇幻的情节相关，例如有《英国公三败黎王》、《孔明七擒七纵》、《三宝太监下西洋》、《八仙过海》、《孙行者大闹龙宫》等。这些戏剧一度成为宫廷消暑纳凉的主要娱乐[①]。不过，比之于这个时期中不断丰富发展的戏曲艺术，这种偶戏确实有些乏味了。因此，到了清代，这种借助水的浮力进行表演的偶戏，也就被人举着木偶歌唱的杖头木偶所

① （明）吕毖校次：《明宫史》卷2，《景印文渊阁四库全书》第651册，628页，台湾商务印书馆，1986年。

代替了。需要说明的是，水傀儡的制作原理正来自于中国的机械制造技术，而这种技术却一直保留下来。特别是在宫廷中出现的各种机械牵动的自鸣钟等器皿，用活灵活现的偶戏形式来表现鸣钟时的情境，代表了传统机械工艺的较高水准。而出现在浙江、四川、山东等地民间玩具中的“锯木”、“燕车”等，同样是利用机械原理使木质偶像活动的工艺，成为这些地区民众童年生活中不能缺少的文化记忆。

水傀儡在中国的消失，来自于水傀儡长久停留在宫廷的演出环境，无法获得艺术的再提高，因此，宫廷的欣赏趣味一旦发生变化，这种偶戏也就自然地被淘汰了。很有意味的是，水傀儡这种偶戏艺术在中国的邻邦——越南，却不断发展起来，成为越南最具特色的传统民间戏剧样式。这个从十一世纪就已出现的偶戏，到十八世纪达到全盛，并以活跃于乡村的表演形式、贴近民心的戏剧剧目，至今成为风靡越南的传统艺术。

《金瓶梅词话》插图展现的药发傀儡

药发傀儡，也称做药法傀儡，民间俗称做放架火、烧架花、杆火、架子火等。清代北京称做放和盒，即通过火药燃烧的方式带动木偶进行表演，实际是一种焰火艺术，与表演艺术有所不同。在宋代被看做是“杂手艺”，与其他木偶戏不能等而论之。明清时代的药发傀儡应该有所发展，在《金瓶梅词话》中就附录了一张元宵节表演药发傀儡的插图：在高高的木架上，点燃的烟花火星四溅，其中的房屋、鸟雀等在焰火中摇曳动人。其中展现的戏剧场面有八仙捧寿、七圣降妖、货郎担儿、鲍老车儿、五鬼闹判、十面埋伏等。而清代道光年间的《火戏略》一书，则以宏大的篇幅叙述了放焰火时展现的各种戏剧场面。这表明在清代的焰火表演，已经能够展现比较复杂的戏剧场面造型。书中介绍的各种火戏的制作方法，实际成为历代药发傀儡技术经验的总结。药发傀儡至今在中国各地仍具有生命力，在山西晋中、陕西蒲城，浙江泰顺、福建闽西等地，以其精湛的火花艺术成为节庆期间的视觉娱乐项目。

皮影戏演出速写　傅起凤供图

在偶戏的品种中，还有一类在民间被称做皮偶、皮吼等，即是人们熟悉的皮影戏。这种从宋代以来就已经技艺高超的偶戏艺术，广泛存在于中国各地，与木偶戏一样在人们的民俗生活中不可或缺。皮影在宋代就已经独立于木偶戏之外，形成自具系统的艺术样式，其表演的方式技法，以及数百年间形成的传统，都与木偶戏有所区别。因此，在此就不多介绍了。

此外，北京的鬃人、藏族地区的“四朋友”，都是很简单的偶人游戏，也可以算作偶戏中的独特品种。特别是北京的鬃人，

北京民间玩具——鬃人
曹娟供图

用纸、泥贴制成戏曲人物偶像，在下部竖着粘贴猪鬃，放在铜盘内，通过敲击盘沿，使鬃人转动。鬃人的艺人们一般选用京剧武打形象，展现人们耳熟能详的戏曲人物及其武打场面。

需要提出的是，20世纪40年代，偶戏界的一批文化人就已经开始尝试将偶戏与电影艺术片相结合，在解放之后，中国偶戏与电影、电视等现代媒体相互结合，逐渐形成了较为成熟的木偶片和布袋电视等艺术形态，特别是北京电影制片场摄制的布袋戏《闹天宫》、提线木偶《新潞安州》成为当代中国木偶戏搬上舞台的开始，之后，上海电影制片厂摄制的《秧歌舞》、《猪八戒背媳妇》、《蒋干盗书》等作品更加脍炙人口。同时，木偶片中还创造出折纸艺术片这一艺术样式。这种依靠折纸人物来组织故事的方式，拓展了传统上依据人手表现戏剧场面的思路，将静态的折纸艺术与动态的电影画面结合起来。而布袋电视则以台湾布袋电视最具代表，将布袋戏艺术与电视相结合，成为当代电视剧创作中的一支独具特色的力量，显示出传统布袋戏在当代审美观照下进行的艺术创造。

第三章

传说与民俗中的偶戏

中国偶戏悠久的历史和多元的组成，深深浸润着千百年来不断形成的、辉煌灿烂的民族文化传统。偶戏在任何一个文化地域，能够生存、发展，并臻于艺术的完美，既得力于偶戏自身的魅力，也来自于地域民俗在其生成过程中给予的滋养和涵育。当然，那些围绕在土木偶像之外的任何人的、物的、时间的、地理的、历史的、当下的诸多要素，都或多或少地成为无生命的偶像，能够跃动、能够张扬生命的推动力量。无论是那些依靠着机械牵动、张扬宗教神圣的“密作堂”、“水饰”，还是凭借着水火动力尽显人工奇幻诡秘的药发傀儡、烧架火；无论是手臂带动起来的提线傀儡，还是指头捻动的布袋木偶；无论是偶胜于人的杖头木偶，还是人配合偶的肉傀儡，都不能离开偶戏自具系统的历史，更不能离开偶戏所依附的生

福建屏南县田公元帅庙中的戏神

活。而这些赋予偶像生命魅力的底蕴，都统一在偶戏的传说和生态民俗中。

偃师、陈平与偶戏历史

一、偃师与外来文明

偃师造偶，是后世在探寻偶戏历史的时候经常会提到的传说。

据说偃师是我国周朝周穆王时期一位善于制作偶人的技师。周穆王到西部一个叫做弇山的地方去狩猎，他带领着侍妾、臣仆和庞大的队伍翻越了昆仑山，但是在日落之前并没有办法最后达到目的地，只好原路返回。在回朝的路上，就有人给他奉献一个身怀技艺的工匠——偃师，来排遣一路的奔波之苦。偃师并没有马上告诉周穆王自己的能耐，也没有当场为周穆王表演自己的技巧，而是说“我已经做好了，想请大王先看看”。周穆王于是答应第二天让偃师带着自己的作品来见。第二天，偃师带了一个人过来，穆王就问他：“和你一起来的是什么人？”偃师说：“正是我制造的作品，而且它还可以歌舞。”穆王非常惊奇，看着它走路迈步，竟然相信它是个真人，于是忍不住去摸它的脖子。它马上就唱出合乎音律的歌曲；穆王去拉它的手，它马上就跳出合乎节拍的舞蹈，千变万化，目不暇给。穆王毫不怀疑自己看到的是真人，让自己的侍妾、大臣们一起来观赏。等到歌舞结束的时候，偃师带来的人竟然对穆王的侍妾抛了一个媚眼。这下把穆王激怒了，马上要杀偃师。偃师立刻把带来的人解剖开来，原来这个人真的是用皮革、木头、漆料以及涂抹了各种色彩之后制成的。穆王再仔细看看，原来肚子里面的心肝脾胃、筋骨肢节等等，都是假的，而且一应俱全，和人的结构完全一样。偃师将这个偶人恢复原样之后，让穆王再去试看。拿掉它的心脏，偶人就不能说话；拿掉它的肝，偶人就不能看了；拿掉它的肾，偶人就不能走路。穆王这才知道自己面前的偶人确实是一个机械制造出来的假人，禁不住带着喜悦感慨说："人的灵巧怎么能够和自然造就的一样呢？"于是，用车装了偶人一起带回了国都。当时有两位著名的能工巧匠，一位是鲁班，一位是墨子。鲁班制造的云梯、墨子制造的飞鸟，都是当时最高的工艺，于是，他们的弟子听到偃师的故事后，就转告给了老师，这两位从此再也不敢和人谈论关于技艺的事情了。

这个奇幻的传说，出自我国古代的《列子》[①]一书。这部著作虽然托名为周代列御寇所撰，但却杂合了很多后代的记录，实际是魏晋时代的人综合编订的。偃师的传说正是以魏晋时期翻译的佛经故事作为蓝本的。

在佛教经典《生经》（西晋竺法护译）中有一则"工巧造偶"的故事。故事说：有一个大船国的国王，他有一个儿子叫工巧，特别善于制作可以自由活动的偶人。有一次，工巧到了应时国，为国王造了一个木偶人，但是他在奉献给国王的时候，假称偶人是自己的儿子。国王看到这个偶人能歌善舞，不但举止乖巧而且聪明无比，因此让自己的夫人一起来观赏。没想到偶人色迷

① （晋）张湛注，（唐）殷敬慎释文：《列子》卷5，《景印文渊阁四库全书》第1055册，622页，台湾商务印书馆，1986。

迷地看着王后，激起了国王的愤怒。工巧看到国王要杀偶人，哭泣着来求情。国王不依，于是工巧自己请求杀掉所谓的儿子。等到工巧拔去偶人肩上的楔钉，机关解落，偶人散碎，国王这才最终明白它确实是一个偶人。

佛教经典中还有很多关于木偶人的故事，不但用来宣讲佛教教理，而且较为真实地记录了古代印度在工艺制作方面的成就。这个发生在公元前五世纪的工巧造偶的故事，正是印度高度发达的偶人制作技术的反映。《生经》在西晋时代被翻译成汉文，这就有机会让后世在探寻中国偶戏传说的时候，不断地感受到外来文明对中国本土文化的熏陶。而佛经中的“工巧”在经过了将近数百年的时间后，以偃师的面貌出现在中国人的传说中，并且一直作为中国偶戏最古老的历史渊源。这种文化移植，正显示了中国偶戏基于本土、吸纳外来的形成背景。李商隐在他的一首绝句中就说：“不须看尽鱼龙戏，终遣君王怒偃师[①]。”正表明被置换成本土传说的外来故事，已经被中国广泛地接纳，并成为我们追溯传统、演说历史时的重要依据。作为中国偶戏形成历史的重要见证，偃师

东方歌舞团演出的印度舞蹈《婆罗多》

① （唐）李商隐：《李义山诗集》卷上《宫妓》，《景印文渊阁四库全书》第1082册，26页，台湾商务印书馆，1986年。

造偶的传说竟然交织中印文化的“混血”，实在是文明孕育、发展的奇观。

二、陈平与本土偶戏

偃师造偶作为中国偶戏的形成传说，一直随人们的口耳相沿了上千年。但是，这个传说中的主角并不曾普遍出现在中国偶戏的祖师崇拜中。相反，在传统偶戏班供奉的祖师中，一个历史实有的人——陈平，却走上了神坛。后代的偶戏班不但排演《白登城》来表现陈平造偶的传说，而且还将陈平奉为偶戏的祖师神进行祭拜，并且出现了所谓的“陈平先师咒”，作为具有灵验效果的咒语；同时在木偶演出的戏棚上，悬挂着题写“陈平造傀儡”的额帐，以表达传说的真实性。

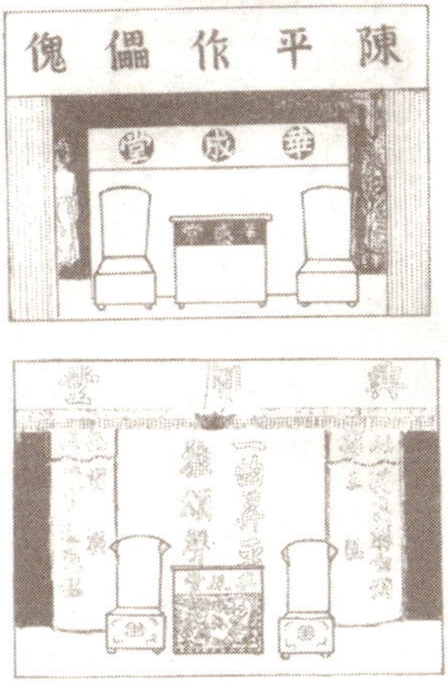

福建闽西高腔、弹腔舞台
引自刘远《闽西木偶戏的傀儡技术》

陈平是西汉建国的功勋大臣，他一生中六出奇计，安邦定国，特别是“平城解围”的故事，在中国可谓是家喻户晓；但是，如何解围，传说与事实却不尽相同。

据说，汉高祖刘邦被匈奴的单于冒顿率四路兵马困于平城，其中，由冒顿的妻子阏氏所率的一路实力最强。陈平经过多方探访，知道阏氏生性嫉妒，于是制造了一个机关木偶人，通过机关运作，让偶人装扮成漂亮妖冶的女子在城楼上歌舞。阏氏远远望见，马上想到“如果攻城成功，冒顿一定会把这些漂亮的女人们收拢来”，越想越恼火，醋意大发，于是就退兵。冒顿没法，只好全部退出，平城之围就这样解决了[①]。

而在民间对偶戏形成的传说中，还有一则故事比较相似。

传说楚汉相争的时候，刘邦被项羽围困，于是，陈平让人设计制作了机关木人和木马，由士兵操纵，在城边四周走动。项羽远远一看，好像有千军万马守在城里，以为援兵已经到达，于是退兵。刘邦晚上梦见项羽得知真相，气急败坏，把木人木马践踏如泥，醒来后有感木人木马的退兵之功，因此让人制作木偶来还愿。这样，就产生了木偶戏。

陈平造偶的传说出自唐代的《乐府杂录》，显然夸大了木偶的生动性。以木偶美女作为退兵之策，难免不合战争常理。关于陈平的计谋，在很多历史著作中并不一致。桓谭的《新论》说陈平派人去游说阏氏，游说的理由就是汉朝有美女，如果平城被围困太久，就会把这个美女进献给单于，这样就不会宠幸阏氏了。而颜师古注释《汉书》，则说：陈平让人画了一张美人图献给阏氏，告诉她汉朝有这样的美女，皇帝想献给单于。于是阏氏以理由劝告单于把围兵打开一角，汉军得以突围[②]。这些不同的传说，表明在汉代末年之后就对陈平的计策有很多的猜测，而唐朝人去传诵这个故事，难免有附会的地方。

---

① （宋）祝穆：《古今事文类聚》前集卷43，《景印文渊阁四库全书》第925册，719页，台湾商务印书馆，1986年。

② （汉）班固撰，（唐）颜师古注：《前汉书》卷1下，《景印文渊阁四库全书》第249册，59页，台湾商务印书馆，1986年。

福建屏南四平傀儡中的传统偶人

不过，偶人在这个故事中充当的角色，虽然未必是陈平计策的本来面目，但却在春秋时代以来的战争军旅中经常出现。例如《春秋》对秦国离间齐国和宋国关系的描写，就提到宋王用木头偶像代表齐国国君，让兵士射击的假话。再如《汉书》中也有对匈奴畏惧汉将的威武，雕刻木头像让军士射击的记载。《江表传》说关羽为回避孙权的游说劝降，让人制作了一个人像放在城上，以隐蔽自己逃脱；同书中还有对孙皓造美人的记载，说孙皓因为思念被棒杀的美人，让工匠制作美女偶人放在自己的身边。

诸如此类的故事，不但在秦汉魏晋的时代，而且在后代的史书中也有很多。故事中可以用来发泄私愤、表达怀念的偶人，之所以能够进入人们的生活，在很大程度上来自于附着在偶像身上的巫术色彩。当然，这些故事也一再地说明了，在汉代以来，偶像的制作工艺已经比较高超，而且它的用途已经不再限于丧葬活动，而成为多种功能的载体。这正是中国传统的偶俑能够不断发展的证明。当然，从这些故事中正可以看到一个事实，即：佛教带来的偶戏能够在中国被广泛接受，其基础正是那个时代中已经不断发展起来的中国偶俑。当然，在中国众多地域的偶戏班中，陈平成为他们的行业保护神，也同样与陈平造傀儡的传说是密不可分的。

戏神传说与地域接纳

偃师与陈平的传说，代表了唐代以前判定偶戏形成原因的两种传统。这两种传统也正是外来与本土的偶戏在特定的年代中实现交融的证明。随着中国偶戏的不断成熟，这两个传统终于以完整的中国面目成为中国戏剧的一个代表。当然，从汉唐以来的偶戏品种拥有不同的生存空间，其呈现的艺术特点并不一致。例如水傀儡仅限于宫廷，提线木偶的水平也以宫廷为最高，而民间木偶始终因为诸多禁忌并未实现其娱乐的功能等等。基于这样的状况，偶戏能够进入民众的生活，也必然要有一个复杂的接纳过程；在中国社会完全接纳偶戏之后，中国丰富多彩的地域文化，也必然会通过地域传统来参与到这个过程中。从唐宋以来的中国偶戏艺人们，正是通过自己的行业组织，交流技艺，搭班演出，并在从城市到乡村、从单独个体到集体协作中做出更多的应对措施。宋代的《梦粱录》就记载了在汴梁城里成立的“苏家巷傀儡社”。显然，这样的行会组织不但团结了同样技艺的艺人，利于国家管理，而且也保证了庞大的偶戏班社不断地进入到更多地域，把最好的艺术传播到民间生活。

宋明时期中国戏曲的戏神——清源妙道真君

偶戏行业的戏神，正是在唐宋以后，不断地成为偶戏艺人安身立命的保护神。不同的戏神，附带着不同的地域文化背景，不同的戏神传说，代表了地域文化接纳偶戏的历史轨迹。

一、田公元帅

在元末明初刊行的《三教源流搜神大全》一书中，记录了中国戏曲行业的祖师神——风火院田元帅。这个神灵至今是中国福建、广东、浙江等地的偶戏艺术共同崇拜的神灵。关于田元帅的传说，具体如下。

风火院田元帅，选自《三教源流圣帝佛祖搜神大全》

田元帅实际是兄弟三人，分别叫做田苟留、田洪义、田智彪，他们都是唐玄宗时期太平国人氏。唐玄宗是一个非常精通音乐歌舞艺术的帝王，在他在位的开元年间，兄弟三人奉诏成为宫廷内的乐师。他们能歌善舞，笛声能响遏行云，声韵能让花朵开放，由于出众的技艺，在宫廷中承担着演出和教授的任务。后来，在一次陪侍唐玄宗的宴会后，兄弟三人喝醉了酒，唐玄宗将墨点在他们脸上，让他们歌舞。兄弟三人尽情歌舞，让皇帝非常满意后就离去了。唐玄宗的母亲生了病，睡觉时恍惚之间看到兄弟三人翩翩起舞，醒来后神清气爽，病体安康了。唐玄宗知道这件事情后，非常高兴，于是封他们三人为侯王。后来，龙宫中疫鬼到处出来制造瘟疫，为害百姓，张天师在束手无策的时候，请兄弟三人来帮助。兄弟三人制作了一艘船，统帅百万儿郎，通过“竞鼓夺锦”的游戏办法，在京城中喧闹，引逗疫鬼出现，帮助张天师用法术最终消灭了瘟疫灾害。兄弟三人所使用的这种方法至今保留在正月的习俗中。张天师觉得兄弟三人和他们约请的百万儿郎非常神奇，因此让他们来帮助自己作法，并且向唐玄宗保奏他们。于是唐玄宗封他们为冲天风火院田太尉昭烈侯、田二尉昭佑侯、田三尉昭宁侯，帮助他们的百万儿郎也一一获得加封①。

这个在元明之际就被文字记录的传说，是目前关于戏神的最早记载。而各地偶戏戏神的传说，有很多内容与此稍有差别，特别是福建的木偶戏基本上以田公元帅作为戏神，但是在具体细节的处理，却有不少区别。例如泉州木偶戏的传说：

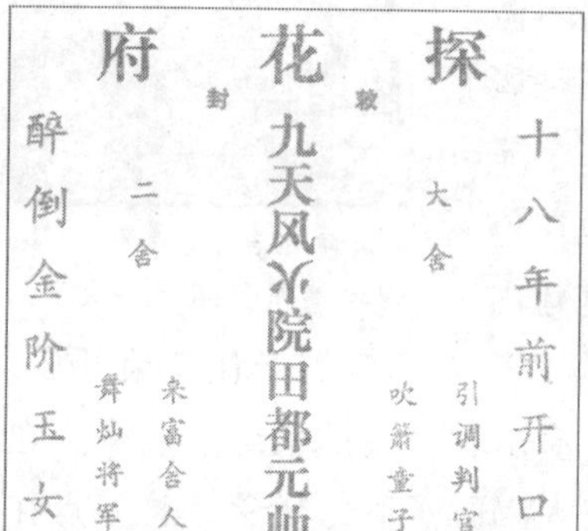

泉州木偶的戏神神位

田元帅也叫田相公，是唐明皇时代杭州铁板桥头苏家小姐误吃了一粒神奇的稻谷，受孕而生的一个男孩。因为生得离奇，家人将他弃放在田间，螃蟹吐出唾沫喂养他。于是苏家抱回抚养，既从母姓，也以田为姓。十八年后，田相公长大了，虽然不能说话，但是精通音律，居然因此而高中探花。唐明皇赏识他的乐舞

① （明）无名氏辑：《三教源流圣帝佛祖搜神大全》，影印西天竺藏版七卷本，237—239 页，台湾学生书局，1989 年。

技艺，赏赐御酒，没想到田相公竟然醉倒金殿。被扶入后宫，皇帝怜其才能，希望他长寿，在他额上题“八十”二字。没想到田相公醒来之后，“八十”颠倒为“十八”，因此只活到十八。他在生前曾经恰遇宫中失火，但是指挥若定，最终降伏了风火。于是唐明皇封他为“都元帅”，他的神位上“九天风火田都元帅府”的“火”字就是倒写的。

此外，在泉州传说中还加入了金鸡、玉犬的内容。莆田地区的田元帅传说，又有所不同：

传说田元帅原是玉帝的三太子，投胎到杭州田姓人家，在赴试途中收服了风、火二童。后来他中了探花，醉倒在宫中，公主为了取闹他，就在他脸上花了蟹纹，没想到脸上所画的再也无法洗去，他也无法重新回到天上，玉皇下旨让他留在人间掌管戏曲。

莆田木偶戏的宗教剧目《愿》，专门描写田元帅的传说，内容又有所差异[①]。而在闽北大腔傀儡戏的传说中，则把戏神故事推到了汉代：

玉皇大帝的小儿子金星太子，因为打伤了大仙的脚，害怕被惩罚，因此下凡到浙江杭州市金印山铁板桥，因桥边有大片水田，改名为田清源。日落西山，他到陈姓人家投宿，才知道陈家女儿因小鬼作祟而生病，因此变成小姐模样，为其消灾。当晚，36个小鬼来到房间，田清源用木瓜收服了小鬼。他想到众鬼难

① 杨榕：《莆田市瑞云祖庙之田公信仰》，见参团法人施合郑民俗文化基金会：《民俗曲艺》第122—123辑《福建民间仪式与戏剧专辑》，2000年1月。

养，就向汉高祖刘邦借来36个木偶，让众鬼藏身其中，白天察看百姓灾难，晚上演戏给百姓取乐，于是就产生了木偶戏。汉高祖和自己的左相、右相，为他的舞台写横批。左相写“风”，高祖写“火”，右相写“院”。因为左相、右相对着皇帝写，因此最后写成的“风火院”中的“火”字就是倒着，高祖于是拿笔将火字圈了一半。这种写法也就成了清水大腔木偶戏延续至今的写法。

此外，闽西地区的偶戏传说，保留了很多种异文①。例如在连城等地，传说保持着兄弟三人的故事模式，同时增加了唐明皇因为赏识田公的艺术，亲自为田公正冠的情节。这正与当地田公画像中冠帽下出现了两只手有关。而在上杭等地，田公成了汉高祖的女婿，陈平制造了木偶美女，让田公在城楼上操作表演，由此而退兵。而且在传说中还增加了白登城瘟疫流行，汉高祖封二十四傀儡神，田公挑着傀儡演习谋生的情节。

从福建的田公传说来看，那些情节中的差异，正是丰富多彩的地域文化所导致。例如地处沿海的泉州、莆田等地的传说，出现了田公脸上画着螃蟹纹的情节。这就与这些地区的海味饮食文化相关，生活中没有螃蟹，也就很难去增加画螃蟹纹的构思。而在闽北、闽西山区的传说，则都具有关于瘟疫流行的内容。这就与这些地区的气候特征相关，生活中屡屡因多变的气候而遭受瘟疫之苦，也就最容易在神话中寄予平息灾难的期望。总之，元代

① 关于福建偶戏的传说与民俗的调查报告，可参见叶明生：《福建傀儡戏史论（上）》，中国戏剧出版社，2004。本章所述偶戏在福建的部分传说、偶戏介入生命礼仪的几种方式，以及部分民间偶戏舞台形制等，采录了该书的部分调查内容，谨致谢意，后不再出注。

就已经形成的田公传说，在福建地区获得了更加具有地方色彩的丰富和发展。遍布福建七个方言区的偶戏，正在这人物相同、但情节各有差异的田公传说中，隐含了地域接纳偶戏、地域文化发展偶戏艺术的历史。

当然，福建之外的地方，也同样遵循着这样的规律，或者改造田公传说，或者吸纳新的传说元素，凝练出符合地域特色、反映地域风情的戏神传说来。例如湖南湘西地区的偶戏，在其民俗演出中，往往要祭奠戏曲祖师。其名称即为“正乙冲天风火院内岳（乐）王戏主老郎神君”（或者写作“梨园启教众曹祖师”）、“陈平启教傀儡先师”等。显然，“风火院”的名称显示了与元代田公元帅传说的一致性。而“老郎”一词则明显地吸收了明代以来戏曲行业神崇拜的特点，而“岳（乐）王”则是湖南本土傩戏和很多地方戏曲剧种崇拜的附神。应该说，湖南偶戏的祖师实际上是田公元帅传说与湖湘文化相互融合的产物。

福建莆田瑞云祖庙的戏神雷海清

二、雷海青

雷海青是唐玄宗时期的宫廷乐工，也是维护国家正义的义士。《资治通鉴》记载说，安史之乱的时候，唐玄宗仓皇去往四川。安禄山进入长安后在凝碧池举行宴会，梨园子弟们深感国破家亡的痛苦而纷纷落泪。雷海青在忍无可忍的情势之下，悲愤地把乐器扔到地上，面向西方痛哭。安禄山盛怒之下将雷海青在试马殿前肢解。而戏神雷海青的传说始自福建，比较广泛地留传在福建、广东等地。传说内容比较丰富，为历史原型增加了神异的色彩。

传说雷海青出生时，因嘴巴周围发黑而被家人扔在了田间。正好一个木偶班路过，看到一只毛蟹用沫在喂养他，因此将他抱起，看到帽檐处有一个“雷”字，取名雷海青。雷海青随着戏班学会了吹拉弹唱、读书写字，成为一个精通音律、擅长弹拨的乐人。唐明皇因赏识他的音乐才能，封他为宫廷乐师。后来安禄山反唐，让他演奏，雷海青不从，并用琵琶怒击安禄山，最终被害。唐明皇返回长安后，封他为梨园总管。后来明代福王遭遇国家破落，南逃到福建，雷海青率领天兵天将前来救驾。其帅旗上的“雷”字被云遮去了上半部分，只露出了“田”字，福王因此敕封他“田公元帅”。

雷海青传说在闽、粤等地偶戏班及戏曲行业的流传，正来自于这一历史人物身上所蕴涵的民族气节。当然，这个传说的出现，还与当地戏曲班社所供奉的戏神有两种不同的造像形式有关。在福建莆田、泉州、闽东等地，戏神往往有坐像和站像两种。其中座像一般被塑为成年男子形象，莆田称为“元帅”，泉州称为“相公”，在当地即被认为是雷海青。两尊戏神，正是多元的戏曲历史在神灵崇拜中的反映。因此，在不少地区，例如莆田地区，两尊戏神的传说也就多有交叉，这也符合前述田公元帅传说中反映出来的地域文化改造的背景。

三、庄王与月皇

田公元帅与雷海清的传说作为闽粤等地木偶戏的戏神传说，在这些地域各种声腔的人戏班中，也广为流传。除此之外，中国戏曲行业神还有唐明皇、后唐庄王、老郎菩萨、翼宿星君、关帝（合阳提线木偶）等，共同显示出中国戏曲多元的文化内涵。而在北方地区的木偶戏中，甘肃的庄王和月皇传说，也是一个非常精彩的传说。

传说春秋时期的楚国庄王，少年即位，专好歌舞弹唱，以至于让掌管乐舞的大臣月皇，挑选人才，在宫中排演节目。庄王想让月皇带着宫廷班子，将乐舞推行到民间。月皇担心失了身份，备感为难。于是庄王让月皇用木头雕刻成人形，模仿人的动作进行表演，而真人则用布帐遮挡，藏在下面说唱。月皇领着儿子田君大郎、田君二郎、大儿媳春花、二儿媳秋花及女儿金花和其他乐舞人员，一同去了民间，深受百姓喜欢，民间因此也就学习演出起来。庄王知道后，十分高兴，封月皇为木偶祖师爷，并赐给他镌有“照、隔、饰、诉、圣、灶、洞、回”的八字金印，可以凭此遣神驱鬼，并将八月十五作为祖师祭日。至今在甘肃陇南一带还有八月十五唱大戏祭

西北地区的戏神——庄王　刘文峰提供

祀庄王、唱小戏祭祀月皇的习俗。

很明显，这个传说所说的正是杖头木偶的起源。从月皇的儿女名字来看，也与田公元帅传说是相关的；并且，在传说中出现“大戏”、“小戏”的习俗差别，也是明清以来甘肃、陕西等地对人戏、偶戏的习惯称呼的最终反映。

四、梁炳麟传说

在众多偶戏的戏神传说中，关于布袋木偶戏的产生的传说，形成的时间相对晚些，也可以说明这个偶戏品种比较晚地建立自己的崇拜系统。布袋戏的传说与落第文人相关。

传说明代嘉靖年间，泉州有个叫梁炳麟的不第秀才，去福州参加会试的时候，到九鲤仙公庙去打卦问神。晚上，他梦见仙公在他的手上题“功名在掌中”五个字。梁秀才以为神仙在暗示他考试“易如反掌”。没想到，这一次他又没有考上。梁秀才心灰意冷，凭着自己满腹经纶在乡里说书维生。有一天，他看到了提线木偶戏在演出，略有所悟，于是自己雕刻木偶，用手掌代替提线，使木偶更加灵活；而且他自己编戏文，自己演，轰动乡里。因为他演出的木偶戏是通过手掌，因此人们称做“掌中戏”。梁秀才终于悟出了神仙暗示的“功

福州市田公庙所列梨园戏神

名在掌中”的真实涵义了，他创造的掌中戏也就这样流传开了。

上述传说主要是旧日偶戏班供奉的主尊神的传说。除此之外，还有很多配神，也就是附属于主神的小神。例如闽东北的四平戏傀儡戏，还有关于戏神郑一、郑二、郑三的传说。正如元代的田公元帅传说，本身就是一个多神的故事，在民间多元的戏曲艺术形成过程中，关于多种戏神的传说能够出现，也就不足为奇了。

戏神崇拜与行业习俗

中国戏曲行业在宋代以后不断地发展起来，而伴随它走过数百、上千年历史的，也正是那些来源于生活经验，但又远远高于生活现实的偶像崇拜。戏神崇拜是传统社会中的戏班最重要的礼俗，因为那些丰富多彩的戏神故事，这种崇拜也就成为内涵最丰富的行业规矩，附带着神秘而虔诚的禁忌，规范着流动于各地的戏班，规范着他们如何尊重自己的悠久传统。显然，这种行业习俗正是行业实现自身管理和建设的最重要的行为方式。

福建屏南四平戏戏神

偶戏的戏神崇拜大多都会采用比较简单的办法，即将戏神偶像神龛或者神位随班带到演出场所，通

福建莆仙提线木偶《目连》
演出时戏台前的戏神位

过祭祀，保佑演出成功。这种方式是旧日最普遍的做法，也是当时各行业供奉行业偶像的通则。例如莆仙戏外出演出必须带戏神，而且戏神要放在装木偶的戏担上层，以表示尊敬；演出的时候在临时摆放的案桌上供奉。而在特定的祭祀场合，如《目连戏》、《愿》戏等演出，要把戏神放在戏台的左边，一直焚香祭奠。在许多地域的偶戏班中，并没有雕刻偶像，而是用牌位书写戏神名字的方式进行崇拜，在演出的时候，将牌位放在后台安置。例如湖南黔阳县在演出辰河木偶戏《香山》的时候，由掌教师安放戏神神位，要将牌位插在盛有稻米的升之中，同时在稻米上要放一个红包和一个鸡蛋。演出期间，不断地焚香，而米、红包、鸡蛋要每天一换。俗语说“老郎菩萨不吃饭，每日一升米、一个红包、一个蛋”，演出以后，这些东西都归掌教师所有。

除上述最普遍的祭祀方式外，戏神的祭祀民俗则由戏曲艺人（多半是戏班班主）在家庭中履行。这种方式主要通过戏曲艺人平时的焚香礼拜来实现，一般都以民间最普遍的初一、十五作为祭奠的日期。相对而言，戏神的生日则比较隆重。

戏神的行业祭拜，是团结行业内部的同仁共同进行的祭祀活动。这种由同行班社举办的戏神崇拜，通常会在特殊的日期，如

泉州提线木偶开台请神

戏神生日、开班演出等场合进行。例如旧日泉州提线木偶班在开班的时候，要演出《郭子仪拜寿》、《过五关》等戏。开戏之前，要提着新木偶从火炉上跨过去，俗称“过火”。第一次演出时，那些学习偶戏的新学员也要跟着木偶“过火”，而且要向戏神、观众以及宫庙的神像礼拜，这样才能开始演出。而在闽西客家地区，偶戏班社则通过“田公会”、“陈平会”这类大型的祀神方式，来表达偶戏行业对于行业神的崇拜。从清代中叶以来就已经形成的田公会，在每年的田公生日农历六月二十四举行。届时，由每年轮流值事的偶戏班进行组织，各地偶戏班艺人纷纷前来祭拜，并进行偶戏表演。

除此之外，戏神崇拜还体现在戏神在偶戏演出中特殊的除煞功能。特别是在福建偶戏班社中，形成了“开台”、“祭台”、“扫台”、“洗台”、“冲台”等与戏神相关的多种方式。例如泉州提线木偶的开台仪式被称做“大出苏”、“田公踏棚”，由提线艺人念诵搬请傀儡师、戏神以及社区保护神的咒语和文书，并将木偶摆成金、木、水、火、土，以及奉献香、花、灯、烛等造型，唱诵“啰哩连”，以此来保证舞台的清静，保证演出的顺利进行。而莆田地区的偶戏所用的开台仪式“田相公踏棚”，也与此类似，只是在通过木偶的搬请诸神之外，还要有“武魁净棚”。即通过武魁的出场，驱除舞台上的煞气。在闽东寿宁地区的偶

福建寿宁四平傀儡梨园教开台仪式
选自《福建傀儡戏史论》

戏，其艺人本身也是道坛的法师。因此，偶戏班相沿的“田公扫台”仪式也就更加严谨，不但要在新戏演出前有开台表演，而且在演出后还要举行“出煞”仪式，整个表演配有完整的道坛科仪。特别是在整个仪式的最后，要有表现钟馗收服五方五鬼的“钟馗收煞”。不过，在整个活动中，其中心的神祇仍为戏神田公。而在铁枝木偶戏班中，则用“唐明皇净棚”仪式，通过戏神唐明皇来清净舞台。这正与广东潮汕地区戏班供奉唐明皇的仪式是一致的。

显然，这些各具特色的净台仪式，展现的正是中国偶俑与生俱来的除煞功能。那种早在汉代以前就已经形成的“丧家乐”传统，一直通过戏神的崇拜活动，保留在偶戏演出之中。虽然诸多的禁忌为这些仪式增加了很多神秘的色彩，但是，透过这些不同的方式，可以发现不同偶戏形式、不同偶戏班社在生成历史上的同源特征，也可以发现在那些附属于偶戏表演的、必不可少的仪式中所存留的最古老的历史影像。

而且，这些与偶戏相关的习俗，一直伴随着中国偶戏的发展历程，随着偶戏班社的到处流转，成为地域文化在不同文化区进行传播的显示。例如福建木偶戏随着华人在海外的定居，在所在地域顽强地生存下来，那些仪式恰恰成为华人保存民族传统的最集中体现。在新加坡的福建偶戏开台演出中，要由点了鸡血的戏神——田都元帅，在鼓声中唱诵咒语“啰哩连”，进行舞蹈表演[1]。这让人很能联想到泉州、莆田地区的偶戏开台表演。显然，偶戏的戏神崇拜仪式及其相关的开台习俗，不但保存着偶戏千百年来的历史记忆，而且也成为偶戏拓展生存空间、凝聚地方文化的重要媒介。

福建戏神

民俗中的礼仪表演

了解了中国偶戏的历史，就知道中国偶戏一直存在于民间信仰浓厚的各地乡土社会。从唐宋以来将近千年的时间里，偶戏的发展正是基于丰富多彩的民俗生活，而获得了艺术种类的增多，获得了艺术作品的创造，也获得了艺术技法的提高。宋代人朱彧撰写的《萍洲可谈》记载的江南偶戏演出状况，基本成为中国各地偶戏演出的普遍面貌。而在明代夏尚朴的《东岩集》中，就有作者关于“邻俗有搬傀儡以禳疾[1]”的记载。不过，这位正统的

① （新加坡）容世诚：《戏曲人类学初探：仪式、剧场与社群》，广西师范大学出版社，2003 年。

② （明）夏尚朴：《东岩集》卷 1，《景印文渊阁四库全书》第 1271 册，15 页，台湾商务印书馆，1986 年。

文人担心的是偶戏演出会引起风俗不正，因此将这种风俗记录下来，告诫后辈子孙引以为戒。显然，在传统社会中，对于偶戏的态度因为偶戏的演出特点而有不同的取向。正统社会的文人所欣赏的最多不过是思想观念净化过的偶戏艺术，但是民间演出却保持着偶戏“禳疾”的社会功能。由此也可以看出，偶戏在民间实际具有与众不同的民俗特点。清朝同治八年《溆浦县志》中，记录了一首竹枝词，说：“梨园子弟不知耕，一担傀儡随处行，但过重阳风雨后，村村演剧赛秋成”，形象地说出了偶戏与民间秋收赛祭的关系。这自然也成为探寻偶戏与民俗关系的重要参考。偶戏在民俗中的表演，大体可以按照偶戏针对对象的不同，而有不同功能特点的表演模式。在民俗信仰中，与人相关的外部力量，一般分成神、鬼、祖先（人）三类，因此，围绕着神、鬼、人，也就有了风格不同的演出形态。

一、为“神”演出的祀神戏

“神”是中国传统社会中对于能够给予自身有益发展的外部力量的总称。虽然在传统儒家伦理教导下的中国社会，一直奉行着“不语怪力乱神”的传统，将生存的需要建立在对现实人生的各种努力之上，但是在生命无助的时候，也会将“神”作为给予自己保持自信和期望的重要力量。这种来源于人性需要的文化表达，在传统佛教、道教的张扬下，变成了一种与正统儒家教育配套而行的观念和行为，既成为现实政策的有益补充，也成为普通民众的生活常态。因此，基于“神”对生活的种种恩德庇佑，也就有了多种多样的对“神”的供养和奉献。偶戏作为音乐、歌舞、戏剧的综合艺术，也就理所当然地成为祀神的重要方式。特别是在地方社区无力邀请到费用颇高的人戏的时候，便捷、省钱但又具有浓郁神异色彩的偶戏，也就成了普通人最方便的选择。

中国传统社会的祀神偶戏，主要选择在类如关公、妈祖、保生大地、碧霞元君等神灵的圣诞日，或者正月十五、二月二、三月三、四月初八、七月普度、八月中秋等节庆，或者在求雨、禳灾等场合进行表演。这些神诞日在北方一般也被称做庙会、赛会，而在南方则有愿戏、青苗戏等多种称谓。但是，不管名称如何纷繁复杂，其实质都是围绕着对“神”的庆典，通过为“神”演出而表达感恩、庆祝等多种功能目的。特别是在中国众多的省区，农业是维系生存的重要生产方式，而干旱、洪水、地震、冰雹、虫害、瘟疫等各种自然灾害又是影响农业生产的重要因素。因此，祀神演出的对象也主要是与这些灾难相关的山神、土地、天帝、水神等等，而偶戏演出也主要建立在对平息这些灾难的祈祷功能上。

福建民间神庙演出的杖头木偶

例如甘肃庆阳等地，一般将偶戏称为“小戏”。这个概念与那些以小情趣、小人物为主的生活小戏并不相同，而是指用于乡村祭祀演出的戏剧，只不过偶戏比之于用于庙会的人戏，其表演形式简单、偶人形态也较小而已；但是对于神灵的崇敬却并不因此而有所减弱。在甘肃的偶戏表演中，要在正戏演出的前后，表演“请神戏”和“谢神戏”

（或“回神戏”），以表达对神灵的感激。通常会选用《天官赐福》作为开台，借用天官的口，来说明演出的目的和有感必应的期望；然后演出《忠孝图》、《香山还愿》、《太湖城》等平安吉祥的剧目。在演出结束的时候，仍然通过天官偶人的口，表达神灵收服各种灾难、赐予乡民富贵平安的祝愿。而湖南偶戏的演出也是随着时序节令的变化，通过对民间特定神灵的祭祀，表达祈福纳吉的良好祝愿，春季土地戏、老君戏、财神戏、药王戏，夏季禾苗戏，秋季灵官戏、观音戏、鲁班戏，冬季火宫戏等等，神灵众多，神戏也更加丰富。

当然，民间祀神演出一般也会同时配合着盛大的宗教法事活动。例如《香山》是湖南黔阳县辰河木偶戏的祀神演出[①]。这种偶戏的演出除了在土地菩萨生日等各种名目下进行演出外，通常会在农历二月十九、六月十九、九月十九的“观音醮”活动中举行，由此形成巫道仪式与偶戏配合表演的模式。《香山》在表演前，要由道坛法师在戏台焚烧纸钱，念诵咒语，并用鸡血涂抹戏箱，通过为王灵官偶像开光仪式和捉寒林仪式，表示有灵官镇台不会有像寒林这样的恶鬼来滋事，整个演出才能够清净平安。在戏神安位之后，即正式进入《香山》的演出。在整个偶戏结束的时候，要由灵官扫台，以表达“一扫风调雨顺，二扫国泰民安，三扫人长生，四扫鬼灭亡”的良好祝愿；并且通过道坛的送神仪式，结束整个道教“观音醮”的全部法事。需要注意的是，这种

① 李怀荪：《湖南省黔阳县湾溪乡的观音醮和辰河木偶戏香山》，施合郑民俗文化基金会《民俗曲艺丛书》，财团法人施合郑基金会，1996年。

祀神演出，在表现观音制作僧帽僧鞋的故事情节时，观看戏剧的观众要跟着唱诵“佛歌”；而在表现观音出世后，还要为观音菩萨安神位，偶戏也要在剧情进展的几个重要阶段，暂时停下来，让观众上香祈祷。

这种场上场下、戏里戏外连成一片的戏剧演出特征，正是中国戏剧艺术在祀神演出时的重要表现形式。虽然偶戏演出大多会选择具有吉祥色彩的剧目，但是渲染神的灵异、表达神灵的恩德，总是成为戏剧场面的主要组成部分。也正因如此，这些剧目也就以展现较为浓厚的神性色彩而最具特征。

二、为“鬼”演出的祀鬼戏

“鬼”是传统社会中对给正常生活制造麻烦和不祥的外来力量的总称。虽然，长期以来关于“鬼”的观念被当作封建迷信，渐渐地与现代社会越去越远，但是，这个概念却从来不曾离开传统社会的人们。“鬼”不但包括自家祖先之外的任何亡者，还包括了对于任何非正常死亡者的接纳；不但是来自天地山川、水火瘟疫的各种灾难的形象化体现，而且也是来自邪恶、仇恨的人的象征。因此，“鬼”所代表的正是与不安、灾难等相关的情绪、心理、事件、行为等。这正是与传统社会中的“神”所蕴含的

福建莆仙提线木偶《目连》演出时供奉的白无常

光明、正直等品质截然相反的一类存在。

基于偶俑附属于“丧家乐”的文化背景和历史传统，偶戏为“鬼”演出，也就成了颇为正常而经常的情形。这类戏剧大多伴随着较为强烈的禁忌色彩，需要人们谨小慎微地去表演和欣赏。按照祀鬼的方式，为“鬼”演出的偶戏大体可以分成祛鬼类、度鬼类两类。

所谓的祛鬼类，即通过具有威慑作用的神鬼偶像及特定剧目，来达到消除鬼患的目的。前面所说“田公扫台”、“唐明皇净棚”、“钟馗收煞”之类的仪式戏剧，正是通过具有强权威力的田公元帅、唐明皇等，来驱除舞台上的污祟，达到洁净舞台的效果。此外，在四川绵阳的梓潼、广元射箭等地流行的梓潼阳戏、射箭提阳戏，是传统社会中用以驱除瘟疫的傩戏艺术品种。而这种表演中所谓的“天戏”，是以提线木偶扮演的32位神灵作为演出主体的。这个偶戏品种从根本上讲，正是通过具有神性的偶人及其表演，表达逐鬼驱瘟的功能特点，只不过它所针对的“鬼”来自于自然界寒暑不调和气候异常而带来的灾难。

所谓的度鬼类，即通过温和的方式，用宗教仪式表达对“鬼”的安抚、赈济和奉送，以此达到对社区平安、人寿年丰的祈愿。这种偶戏尤以《目连戏》的演出最具代表性。例如在福建莆田地区，目连戏被看做具有超度鬼魂的功能，基本上出现在拜忏、度亡等宗教活动中；无论其演出时间长度的多寡，必须与佛教或道教的法事活动配合举行，而且无论其是否邀请人戏演出具有娱乐特征的戏剧，一定由木偶戏来搬演《目连》。在演出前，要用黄白表纸剪成幡，挂在舞台各处，同时在舞台左右、对面、旁边分别摆放戏神、白无常、天地神灵等神位。开演的时候，不断地抛撒纸钱，借此招请鬼魂前来。演出开台不但要用剧中人目连来请神、念咒，而且通过开路将军这一角色驱除舞台上的鬼魅，以保证整场演出的安全。当剧情进展到“三殿超度”的时候，演出暂时停下来，分别在大路上下、山顶上下、河沟上下进行超度。村中的民众可以将自家亡故亲人的名字一并送来，让目连一一超度，然后才可以进入到接下来的情节。在情节进展到“五殿会审”、“傅相祈祷”的时候，村民也须跪在舞台前面，祈祷亡者超生、生者平安。但演出结束的时候，一定要演《张公打洞》、《观音扫殿》等仪式戏，表示祛除污秽、扫除邪祟的意义。当然，这样的

福建莆仙提线木偶《目连》演出过程中为人超度

福建莆仙提线木偶《目连》演出中的五殿会场场面

演出最终能够实现超度的目的，主要来自于佛教、道教的宗教仪式。偶戏《目连》的演出最多表示邀请鬼魂来观看演出，但不管怎样，这种戏是名副其实的“鬼戏”。在整个演出过程中，除了上述三个情节外，基本上没有观众，而舞台前放置的长条凳显然是为前来看戏的“鬼”准备的；而演出时不断飘洒的纸钱，为这种“鬼戏”的演出渲染出浓郁的宗教气氛。

三、为“祖先”、“人”演出的生命礼俗戏

中国传统社会中的各地偶戏，除了为“神”、“鬼”演出外，就是服务于百姓的需要，通过偶人所附带的神化色彩，介入到百姓的生、老、病、死各个生命过程中。这正是偶戏能够长久地生活在民俗中的重要原因。

作为社会最重要的组成部分，个体家庭从合两姓之好的婚姻开始就算形成，人正是在这样的前提下孕育、出生、长大直至老死。在这个过程中，每一个成长环节，都具有不可替代的意义，当然也会对人生的下一个环节发生影响。作为古老的礼仪之邦，中国传统向来注重礼仪对人生的作用，礼仪不但成为长幼、大小、尊卑、上下得以分别的重要标准，也下化到生活，成为行住坐卧、待人接物不能缺少的重要行为方式。从宫廷到民间，从城市到乡村，从国家到地方，礼仪深深浸润在人的生活中，相沿成俗，成为中华民族得以标识的民族个性之一。而伴随礼仪的成熟，“乐”的和谐也成为民族文化的重要组成部分，即所谓“礼以节人，乐以和人”。礼乐作为制度一直贯穿于中国历史发展进程，也贯穿于人生的每一个阶段。偶戏在唐代就已经成为歌舞戏

的重要组成部分，在中国戏曲还没有最终成熟的宋代，这种表演歌舞的偶戏艺术就已经深深地凝结在民众祈福禳灾的民俗活动中。可以说，千百年来，偶戏正是广泛地吸纳了时尚艺术的元素，逐渐通过进入人生礼仪，而成为民俗演出中不能代替的礼乐活动，并且至今在民间生活中履行着这种传统功能。

偶戏介入生命礼仪的深度和广度，是中国各地方戏曲艺术所无可相比的。从现在福建的调查结果来看，偶戏在以下几种场合的表演最具特色。

结婚

在福建莆田地区及南安、永春等地，至今流传着结婚时演出偶戏的习俗。这种表演主要因为婚姻中的任何一方男女，在幼年因多病难养，而许愿到结婚时答谢神灵护佑。一般在婚礼前一天晚上的下半夜举行。在仪式中，偶戏艺人要演唱“啰哩连”，同时用带有良好祝愿的“探房词”表达对婚姻双方的祝福。在仪式之后，还要演出《刘祯刘祥》或《父子状元》等庆贺戏。这类偶戏也往往与道坛道士的宗教法事相结合。

莆田民间戏曲演出和宗教仪式

求子

在福建闽西上杭等地，巫道的法事活动中有一种称做“做大翻”的仪式。其中不孕的妇女将自己的衣服交给宗教职业人士，进行所谓“斩煞”的仪式表演，以使这些妇女怀孕得子。这种活动至今在闽西沿用，而同时会伴随着木偶戏的演出。在演出过程中，要表演《仙姬送子》之类的仪式剧，才算是圆满的仪式。

莆田民间戏曲开演前的例戏《跳加官》到神庙中参神

保生保育

早在明代就有孕妇家庭演出木偶戏《五显》的记载，至今在闽东仍保留着用偶戏为生病孕妇禳灾的习俗。在仪式中通过表演《华光传》，用具有巫术色彩的“遣霞”仪式，来驱除怀孕过程中的凶煞。此外，在闽东偶戏中还有演出《奶娘传》中的“林九娘收长坑鬼”故事，为幼儿收惊；演出同剧“马骆收白孩儿”故事，为出痘疹的孩童祈求健康，等等。而在莆田地区，则有偶戏表演的瘄戏、北斗戏，为出痘疹的孩子和需要除煞过关的孩子进行演出。这种类型的偶戏表演，基本上通过当地民间信仰中的“陈靖姑”故事，使偶戏表演与现实相结合，让孩童在三十六宫奶娘的见证下，顺利减除关煞，在亦

福建莆田过关仪式及戏曲《北斗戏》

戏亦仪的表演中为现实中的人排解灾难。

还愿

此类还愿戏与专门用来祀神的“愿戏”有所不同。前述“愿戏”主要是在神诞等特定日期中，对特定神灵表达谢恩的群体性集会活动；而此类还愿表演，

福建莆田提线木偶演出的《愿》

则主要为家庭成员在履行前此许诺而进行的个体性礼神活动。在福建的还愿戏中，莆田地区的“愿戏”演出，具有较强的地域特色，民间习称“做愿”。该剧叙述玉皇三太子因为喜欢梨园生活，被玉皇贬落人间。太子在下凡时收服了白牙精，遂投胎到杭州的田尚书家，长大后取名田智彪，在赴试途中收服风火二童，并高中探花。后来皇帝母亲生病，田智彪化身为医生，劝皇帝披枷戴锁为母消灾，果然使太后痊愈。皇帝有感于枷锁消灾，希望有人帮助完成心愿，田智彪推荐新科状元代行此职。田智彪获得嘉奖，醉倒金殿，公主用画笔在他脸上描画容颜，使其无法再回天上，于是玉皇封他为忠烈大元帅。在该剧的后五出，基本上由戏剧转为仪式，凡是还愿的主家都会同时邀请道士和偶戏班进行配合演出。还愿的人要上台作为剧中的囚徒，披枷带锁，被囚禁在戏台上的“牢狱”中，家中亲友还有扮演探监的情节。等到“还枷愿”的时候，还愿人在道士引领下在宫庙或村落中巡游一遍，

最后打开枷锁，向神谢恩，“枷锁”烧毁以示脱离灾厄。

祈寿

闽东北四平傀儡戏有一个保佑老人延年益寿、消灾解厄的仪式戏剧——拜斗（或称拜塔），通过在祈寿之家摆设的“星辰坛”，偶戏艺人表演拜斗科仪，念诵《星辰塔》、《奶娘塔》等拜斗词，引领长者的儿孙叩拜，以祈求福寿。同时，在仪式之后，演出具有祝祷长寿的剧目，如《彭子求寿》等。

安龙、祭桥、谢火、谢井等

在闽南地区，除了人生礼仪之外，与人相关的屋舍安全的保护，也会借助偶戏的表演。例如房屋新建要有“探屋”仪式，以安抚土地龙神；在大桥建成之后，也会通过“祭桥点光”仪式，祈保地方平安；房屋发生火灾之后，通过“谢火”仪式，来禳灾忏罪；社区新开水井，也会通过“安神谢井”仪式，表达对井神的答谢。这些种种礼仪，均是借助泉州提线木偶《大出苏》、《小出苏》等仪式剧，同时结合特定的科仪，念诵疏文，并在仪式之后演出《刘祯刘祥》、《父子状元》、《郭子仪拜寿》等吉庆剧目。

上述与生命礼仪相关的偶戏表演，或者是仪式剧，或者亦戏亦仪，或者是吉庆戏剧。从这些选出来的特定偶戏表演，可以看出福建偶戏在保留传统民俗礼仪的深度与广度，也能够看到宋代以来江南偶戏艺术的基本面貌。当然，这种存留在福建偶戏中浓厚的民俗特征，在中国各地均或多或少地保留着。例如，北方民间演出偶戏，大多附着于婚丧嫁娶的礼俗活动中。虽然没有那么强烈的祭祀特征，也没有宗教职业人员的参与，但是偶戏作为这些礼俗活动的一项内容，正显示出偶戏与民俗天然的联系。而在湖南等地，基于宗族势力的广泛存在，每到续修族谱的时候，也会约请偶戏等戏班来表演。这正表明不同的地域文化、不同的族群需要，都可能成为偶戏施展其艺术魅力的契机，这当然也来自于偶戏被广泛地接纳在地方民俗生活中的事实。

四、为人演出的娱乐戏剧

上述偶戏在戏神崇拜、民众人生礼俗等方面的表演，深深附带着浓郁的宗教色彩。这种从宋代以来就已经形成的祭祀演出，一直在民众生活中发生着扶整弱势心理、解决民生危困的积极作用。也正是在这样相对稳定的民俗环境中，偶戏艺术也就有了持久的观众和稳定的经济支撑，艺术层面的创造也就能够在宗教化的表演中获得充分的提高；那些在情节、唱腔、表演方面能够为观众带来美感的戏剧艺术，才能够在充满严肃紧张的宗教气氛中，发挥娱人的艺术效果。

福建民间提线木偶演出

早在唐代，提线木偶就创造出操弄“木老人”的艺术典型。在唐代梁锽的《咏木老人》诗曰：“刻木牵丝作老翁，鸡皮鹤发与真同。须臾弄罢寂无事，还似人生一梦中。”顾况的《越中席上看弄老人》、卢纶的《焦篱店醉题时看弄郄翁伯》均是描绘同类偶戏的诗歌作品。显然，唐代偶戏的“老人”形象，确实给人以很深的哲理思考，特别是梁锽的《咏木老人》，还被附会成唐玄宗晚年的感慨，更能说明唐代的这个老人形象给人的艺术启迪。

而在宋代，偶戏已经以当时的话本作为依据，敷衍烟粉、灵怪、铁骑、公案、史书、历代君臣将相故事。虽然《梦粱录》等著作强调这些作品内容虚多实少，但是从这些分类可以看到偶戏表演的内容比较宽泛，较为广泛地将历史、公案、神怪、世情等主题进行表现，这是同时期诸多戏剧艺术所缺乏的。显然这在偶戏千百年的舞台实践中一直被贯彻，真正演给现实中的百姓观看的偶戏以其多样的演出剧目，成为娱乐艺术的重要组成部分。当然，这些偶戏表演依旧附属于民俗的各种活动中，只不过演出的剧目超越了民俗中“神”、“鬼”的禁忌，真正从属于百姓的欣赏趣味。例如，在明代丧葬礼仪中用木偶戏来冲丧表演，这在《金瓶梅词话》里就有描写。在小说中除去那些为丧者演出的具有浓郁宗教特色的剧目外，在这样场合中的其他演出，主要是为参加丧事的生者而演的。例如该书第六十五、六十六回描写李瓶儿的丧礼，就有灵前演出木偶戏的情节；而第八十回描写西门庆死后的二七日，用提线木偶演出《孙荣孙华杀狗劝夫》戏文，而观看者则在灵位旁边的厅堂里，放下帘子观看。

显然，从属于丧葬的宗教性，与从属于娱乐的艺术性，为这类民俗环境中的戏曲表演，敷加上了娱神与娱人的双重属性。这也是中国偶戏能够在汉唐以来的上千年时间中，一直将“丧家乐”与“嘉会”能够相互统一的艺术特征。在中国民间生活中不可缺少的偶戏，因为那些与民俗不可分割的宗教特点，而拥有了长久表演的契机；也因为那些与人的思想、感情相互依托的娱乐性，而拥有了不断更新创造的可能。因此，各地偶戏、各种形态的偶戏的传统剧目中，大多数是属于为人演出的娱乐戏剧，这些剧目也就最能展示在偶戏发展的各个历史时期中，来自于时代、来自于地域、来自于偶戏艺人的艺术创造。当然，也正是来自为人演出的终极目标，偶戏的技艺表演也就能够不断改进，不断地通过僵化的偶像，创造出更加符合人体韵律的动作、情态，以至于创造出活灵活现、栩栩如生的艺术经典。

第四章

中国偶戏与中国戏曲

一提到中国戏曲，总能够让人想到那些通过历代艺人不断创造、发展起来的戏曲表演、音乐唱腔、文学剧目等组成部分；一提到中国偶戏，也总能够让人想到借助木制偶像进行表演的粗朴、憨趣的风格特点。显然，在中国戏曲与中国偶戏之间，最让人感受不同的就是他们得以表现的媒介有很大区别；而依靠人的身体来呈现的中国戏曲，其艺术魅力明显地超越了中国同类的表演艺术，而成为中国文化的重要代表。中国偶戏长期以来在民间基层社会的生活状态，和他们依靠几个艺人就可以组织演出的偶像艺术，在中国戏曲艺术的参照下，显得非常简陋，也非常简单。因此，偶戏在中国宋代以来的官方、民间的文献记载中，几乎默默无闻。而在解放以后的半个多世纪中，传统偶戏很自然地淡出

山西洪洞广胜寺元代演剧壁画

了政府决策者、艺术研究者，乃至于城乡观众的关注视野。

只有当人们去了解中国的民间文化，了解中国人接受戏剧艺术的历史、现实和形式之后，才能够更加确信，中国偶戏艺术在历史发展、艺术呈现等方面，不但可以作为中国戏曲艺术的缩微表现，而且其艺术规律、表演规范，甚至可以成为中国戏曲艺术得以滋养、涵育、发展的母体。偶戏艺术对民间生活的广泛参与，为中国戏曲艺术能够长期驻足民间，做出了示范性的探索。那些进入民俗、贴近民俗、超越民俗的种种尝试，不断地成为中国戏曲艺术与民俗建立关系的经验；而偶戏艺术对中国戏曲艺术的声腔、剧目、表演的广泛接纳、移植，也为中国戏曲艺术的经典创造，做出了推广、普及、传播的推动作用。中国戏曲艺术能够在宋代以后的数百年间，一直成为人们喜闻乐见的艺术代表，显然与之并行发展的中国偶戏有着不可割舍的联系。

偶戏：中国戏曲艺术的“戏兄”

中国戏剧艺术，历史悠久，成就辉煌。作为中国戏剧艺术的重要组成部分，中国偶戏以其特殊的媒介——偶人，在人的操纵下进行表演，实际成为独具特色的戏剧演出行为，在中国戏曲还没有最终成型的时候，就已经以其经典的艺术形象和娴熟的艺术技法，成为唐宋两代最具时尚特征的表演艺术。

在魏晋南北朝时期，以滑稽幽默作为表演风格的“郭郎”，已经成为民间演出中引导歌舞行进的重要角色，而被排列在歌舞队伍的最前列。这种演出格局，显示了偶戏艺术在众多歌舞艺术中的重要地位；而它超越了歌舞限制，用调笑逗乐进行开场的艺术特点，也赋予了偶戏艺术通过歌舞、语言、故事不断结合而呈现出来的综合性特征。因此，偶戏在唐代就已经和《大面》、《拨头》、《踏摇娘》等中国戏剧发展史上最具代表性的表演艺术一样，成为唐代“歌舞戏”的重要组成部分，以贴近时代精神的时尚特征成为当时的流行艺术。

在唐代林滋的《木人赋》中，明显可以看到，通过人手操纵的木偶戏艺术，已经具有了“虽克己于小巧之下，乃成人于大朴之后”的精致造型，而舞台上展现出来的“低回”、“伫立”、“手舞”、“足蹈”等诸多表演动作，更蕴含着人所具有的各种情态[1]。这种高超的技艺也正是偶戏艺术能够被佛教等宗教当作教义宣传的最佳媒介，这也使它不但敷加上来自宗教、政治所赋予的思想、观念等教化特征，而且也附带着民众对生活、情感的诸多期望。例如在《旧唐书》的记载里，就有庞勋在从浙江西部到安徽淮南以北的行军路上，让偶戏艺人沿途表演偶戏，来考察地方

苏剧《卖油郎独占花魁》展现的歌舞程式

① （唐）林滋：《木人赋》，见（宋）李昉等编：《文苑英华》卷 82，《景印文渊阁四库全书》第 1333 册，637 页，台湾商务印书馆，1986 年。

风俗人情和对军队的态度。这正是偶戏在长期演出中与地方观众互相结成的血肉关系，时尚流行与现实生活实现了统一。正是如此，无论是《梦粱录》中提到的偶戏与当时说唱艺术进行结合，在烟粉、灵怪、铁骑、公案、史书、历代君臣将相等故事题材上有所拓展，还是杨维桢在《朱明优戏序》中提到的元代朱氏偶戏达到的很高的艺术成就，都成为“以歌舞演故事”为特征的中国戏剧在宋元时期实现的艺术突破。

上述偶戏在元代之前的历史，正表明在成型的中国戏曲产生之前，偶戏已经依靠成熟的艺术创造开拓出了中国特征的戏剧形态，已经成为中国戏曲艺术的名副其实的先行者。这个历史变迁的顺序显然在中国民间被充分地尊重，并且借助特定的礼仪行为一直延续下来。

中国各地的戏曲演出，一般都遵循着一条不成文的规矩，即人戏要礼敬偶戏。

在福建莆田地区的戏曲演出中有一条规矩，凡是演出对台戏，先开台就叫做“大做”，后开台叫做“细做”；基于戏曲附属于民俗演出的特点，戏台通常也就会设置在神庙的对面或两旁，因此“大做”要居左，“细做”要居右。这里的“大”与“细”、“左”与“右”，实际就是先后、大小的次序。在中国的传统礼俗中，“大”与“左”同

福建莆仙民间的官庙及戏台

时也附带着被尊重、被礼敬等道德情感特征，因此，被允许先开台的戏班也就具有了被尊敬的权威。但是，在众多戏班中，唯独只有木偶戏班是超越这条规则的，不论偶戏几时开台，都要让偶戏班居左。偶戏的这个权威，正来自于当地将偶戏看成是“戏兄”的传统。莆田民间演戏，通常会将人戏与偶戏同时邀请，而人戏一定会让偶戏先开台，先打鼓。特别是旧日订戏，凡是订了偶戏班的便不可以随意改订人戏，但是订了人戏要改订偶戏却被允许。而且，戏班的待遇也有所不同，人戏演出一旦履行约定之后，演员一般都住在神庙中，而偶戏班则需要给予住宿安排。这个传统至今沿用。

福建莆仙戏曲开始前需到神庙中参神

福建莆田地区的这条规矩，实际上也是普遍存在于中国各地的演剧习俗。例如闽南地区的传说中认为偶戏曾经受过皇帝的封赏，自古就被尊奉为“大戏”，野外搭台演戏的时候，必须由偶戏班先敲锣鼓，人戏班才敢开台。据说旧时在官厅演偶戏，要用红帖下请，而不能口头召唤。偶戏艺人在行业中也被尊称为“先生”，可以着长衫、戴礼帽，甚至可以考科举，较之人戏班演员，在身份、等级上显得更为高贵。而旧日湖南湘剧艺人称木偶戏艺人为“大师兄”，其理由是认为偶戏班特别是木偶演出目连戏的

"目连班"要早于湘剧班。基于偶戏与人戏在形制上的区别，湖南各地将木偶戏称为"矮台班"，将人戏称为"高台班"。虽然二者在剧目、音乐、排场都完全相同，但是一直保留着"先有矮台，后有高台"的说法。在粤西高州的木偶班社中，也有"先有傀戏，后有人戏"的说法。所谓的"傀戏"，正是高州杖头木偶。而在北方的许多地区，这样的传统依旧存在。

留存在人们口头和记忆中对偶戏礼敬的风俗习惯，形象地展现了偶戏先于人戏的历史。在偶戏与人戏对台演出时出现的这种礼敬行为及口头传说，正与中国戏曲艺术的发展历史相互吻合。那个在人表演戏曲的体制趋向成熟之前就已经存在的偶戏，正是通过一直延传下来的演出规则，被完好地呈现出来。几千年来，普通的民间基层社会并没有写作历史的传统，但是他们的传说故事和习惯原则，却包含着丰富的历史真实。在当代文化界还没有充分去认识偶戏在中国戏曲艺术发展史上的先行地位的时候，民间却凭借着艺人的口传心授、戏曲演出的规矩法则，一直尊重着偶戏对中国戏曲艺术的开启作用。"戏兄"的称谓及近乎一致的各地演出规则，正成为民间书写历史的明证，也成为偶戏悠久历史的无声证明。

福建莆田民间戏曲演出前的吉祥戏《八仙》

需要特别指出的是，在中国的地方戏曲艺术中，只有在开台之类的民俗活动中，才能够见到表现宗教功能的戏剧场面。例如广东新戏台使用的时候，要用粤剧的《祭白虎》来驱除所谓的煞气。即由戏曲演员扮成白虎的形象，在锣鼓喧天、鞭炮齐鸣的祭祀场合中，用象征性的驱赶、追逐等动作，寄予宗教性的用意。也只有伴随着佛教、道教法事活动的大型祭祀场合，具有特殊的宗教象征意义的《目连戏》、《香山》等剧目，才能够发挥它的非娱乐性的功能。例如湖南辰河地区的《目连戏》演出，必然要伴随着道教“罗天大醮”仪式。但是，中国戏曲的宗教功能却在偶戏的民俗活动中得到了大量的再现，这不但表现在偶戏拥有多样的、类如“田元帅开台”之类的仪式，而且还有与民间信仰息息相关的戏剧剧目。特别是在湖南、福建等地保留着以祭祀戏神等神灵为特征的“梨园教”，来发扬戏曲的这一功能。例如湖南辰河地区的《目连》、《香山》等剧目的演出，一定要有佛教或道教的宗教仪式。如果一时找不着这些教门的职业人员，就必然要在戏班中拥有能够主持仪式的人员，这样湖南辰河地区的戏班也就多了名叫“掌台师”的特殊宗教职业者。湖南梨园教正是这种依靠掌台师传承而存在于戏班中的特殊教门。这不但能够保证具有宗教性的剧目能够正常演出，而且通过对儒教、道教、巫教的糅合，使其教门能够应付更多的民俗需求和演剧需要。类似的梨园教也出现在福建一地，其宗教与偶戏的结合程度更加紧密。

显然，在旧日中国戏曲与宗教民俗相互配合的戏曲演出环境中，偶戏与宗教的关系，比人戏要近密得多，而其附带着的艺术源生于宗教的法则，也比人戏要清晰得多。从这个角度而言，更加宗教化的偶戏与更加艺术化的中国戏曲，确实展现了中国戏剧艺术在发展历程中具有时间先后次序的两种演剧模式。这种宗教性的高贵，或许也是偶戏能够成为“戏兄”的内因吧。

偶戏：中国戏曲艺术的缩微呈现

偶戏作为木偶模仿人进行表演的艺术，从宋代以来就在吸收中国戏曲艺术时尚因素的过程中，不断提高，不断发展。例如表演于宋代宫廷的水傀儡，已经趋同于其时宫廷饮宴时的演剧规则，在表演过程中要由参军角色进致语，配合唱和、作乐等礼仪，演出具有情节性的故事、舞蹈等。到了明代，在《金瓶梅词话》中记载了木偶戏演出的《孙荣孙华杀狗劝夫》，这正是当时盛演的南戏作品。虽然古代文献对于偶戏艺术的记载并不多，但从各地偶戏的传统来看，偶戏艺术始终与明清戏曲艺术的发展、创新保持一致，各地大多数偶戏实际成为当地戏曲剧种的缩微呈现，只不过用偶人的粗朴代替了人戏演员的细腻丰富而已。

偶戏与中国各地剧种的一致性，最鲜明地表现在声腔艺术、剧目文学以及化装舞台等方面。

一、趋于一致的声腔艺术

中国戏曲在元代以后更多地通过“声腔”这一音乐体系获得发展。来源于具有统一规则的字韵曲律，结合了民间方言俗曲的改造，中国戏曲声腔才能够不断地壮大。从明代中后期以来，以弋阳腔、余姚腔、海盐腔、昆山腔为代表的南戏诸声腔在各地不断演变，催生出各具特色的腔调音乐。特别是清代中叶以来随着“花部”的崛起，各地戏曲的声腔艺术更加丰富多彩，代表了地方音乐艺术的最高成就。而从宋代以来就深深浸润在民间生活中的偶戏，也很自然地成为这些声腔的载体，和人戏一样在百姓的娱乐生活中占据着同等重要的位置。偶戏本来在进行歌舞表演的时候，一直采用被称做“叫子”的乐器，来模拟人的歌唱；到了元代开始用人的声音进行演唱，并且用地方语言表现嬉笑怒骂。因此元代的偶戏艺人朱明表演的类如《尉迟平寇》、《子卿还朝》等偶戏，那些谈笑歌唱如同真的来自偶人的肺腑，令观众叹为观止。而在这种吸收人声的艺术提升中，那些时尚的音乐艺术也就很自然地被吸纳进来。

从现存的各地偶戏声腔而言，绝大多数偶戏因为采用地方戏曲声腔来演唱，基本上保留了从明代就不断发展的各种声腔的遗响。例如形态众多的福建偶戏，汇集了具有南曲遗音的兴化腔（莆田提线木偶）、泉腔（泉州提线木偶、南派布袋木偶），保留了四平戏（闽东北地区的四平傀儡）、高腔（闽西提线木偶、闽北大腔木偶）、乱弹（闽西上杭提线木偶）、汉剧（闽西提线木偶、北派布袋木偶）等明清以来的重要声腔，还有在当地流行的剧种如潮剧（诏安铁枝木偶）、闽剧（福州串头戏）、歌仔戏（北派布袋木偶）等。而在湖南，按照地域声腔的区别，则有演唱祁剧弹腔的祁阳派、演唱长沙湘剧的衡山派、演唱辰河

福建上行高腔木偶戏演出

选自《福建傀儡戏史论》

贵州安顺地戏中的面具及戏剧场面

高腔的龙山派、演唱常德汉剧的常德派四种不同流派。这种按照湘南、湘中、湘西、湘北的地理格局而分列的艺术派别，实际上也是依据地域声腔的不同而出现的。再如广东偶戏，则有以广东汉剧为主的梅州提线木偶，袭用潮剧的潮汕铁枝木偶，演唱粤剧的珠江三角洲地区的提线木偶和粤西高州木偶，以及搬用邕剧、雷剧和土腔土调的粤西方言木偶。在北方地区，除了合阳提线木偶使用以线腔为主的独立声腔外，各地木偶戏基本上使用流行于当地的大剧种。如山西晋中木偶使用晋剧，晋南木偶使用蒲剧、眉户，甘肃木偶戏使用秦腔，等等；在旧日北京流行的“大台宫戏”，则用京剧。

偶戏使用地方声腔的这个规则，也会因为地方戏曲声腔的力量消长，而出现用更加流行的唱腔系统代替原有声腔的情况。例如闽南布袋木偶一直保持着使用闽南语、演唱南音泉腔的特点，但是随着地方声腔艺术的发展，从清代以来北方乱弹腔，特别是西皮、二黄腔在闽南地区的漳州等地不断流行开来，这一地区的布袋木偶也就用乱弹腔代替了原来的泉腔，从而出现了南派布袋木偶与北派布袋木偶的区别。民国以后，随着地方声腔歌仔戏的不断成熟，并逐渐用“芗剧”一名，成为当地大剧种的时候，北派布袋木偶戏的流行地区也有放弃乱弹腔，改唱歌仔戏的情况。这种改变正是偶戏在生存、发展过程中不断争取群众、不断吸纳时尚的特点所致。这在其他各地偶戏的声腔变化规律中，也有类似的体现。

在偶戏吸收戏曲声腔的过程中，同时也存在着偶戏向人戏过渡、发展的进程，也即人戏袭用偶戏声腔。最具代表的例子即是山西、陕西、河南交界地区的线腔和海南的临剧。线腔是合阳提线木偶的依附声腔。广义的线腔包括“线腔调”和“乱弹调”两类。作为颇具地方个性的线腔调，很能显示这个声腔的音乐特点：用铮子伴奏，紧打慢唱，在过门接腔的时候用器乐伴奏。而乱弹调则吸收了同州梆子的音乐特点加以改造而成。显然，线腔既有合阳提线木偶的固有声腔，也包括了清代中叶这一地区流行的同州梆子音乐。解放以后，线腔被搬上人戏舞台，线腔也从偶戏声腔成为当地人戏演唱的音乐。至今在陕西合阳、山西芮城流行的线戏，正是合阳提线木偶实现人戏化之后的剧种。虽然该剧种吸收了秦腔、蒲剧等戏曲剧种的表演因素，但是其声腔音乐依旧与偶戏保持一致，在民众生活中传唱不息。而海南临高地区的临剧，虽然也受了琼剧表演体制的影响，并且吸收了广西壮剧、桂剧的武功技巧，但是其声腔却以临高人偶戏为基础，其声腔艺术的母体来自于人偶戏的“朗叹”、“啊啰哈”两个腔调。临剧在当代吸收民歌、民谣创造出来的“月光光”、“七字板”、“水芙蓉”、“跑马鞭”等曲调，其艺术的规范性均无法与人偶戏的基本腔调相比。

二、趋于一致的剧目艺术

偶戏在宋代以来的近千年发展中，不断地搬演烟粉、灵怪、

福建铁枝木偶演出的《樊梨花》与
潮剧同名剧目的唱做内容相同
选自《福建傀儡戏史论》

铁骑、公案、史书、历代君臣将相等题材的剧目，并且不断吸收戏曲艺术的表演、唱腔特征，逐渐地从宋代的说唱艺术演变成偶人表演的戏剧艺术。例如元代偶戏艺人就能够表演《尉迟平寇》、《子卿还朝》等作品，并且以其深刻的文学内涵，展现了戏剧艺术对社会生活和人情世态的反映。这正与从元代杂剧就已经形成的社会教化特点是吻合的，两种不同形态的表演艺术在剧目选择上也就拥有了一致性。

各地偶戏的上演剧目按照剧目的演出长度，大体可以分成成本大戏和小戏两类。成本大戏，亦即展现情节复杂变化、故事结构较长的大型剧目，包括可以演出数天的连台本戏；而小戏则展现某一个戏剧场面，甚至为单纯唱做表演的折子戏、小剧目。偶戏的这些剧目基本上与所用声腔的人戏是一致的。例如湖南各地杖头木偶均有《西游记》、《目连传》、《南游记》、《封神榜》、《精忠记》、《香山》等连台大戏剧目，这正与湖南各地高腔、乱弹表演的同名剧目一致，而且在表演形态上也附带着浓郁的民间祭祀特点。而在小戏表演中，湖南各地杖头木偶拥有《拦马过关》、《打面缸》、《小放牛》、《双下山》、《芦花荡》等折子戏和小戏剧目，这也是湖南各地戏曲剧目的经典代表。在北方的河北吴桥等地流传的杖头木偶传统剧目，有所谓“七出丝弦、八出梆子”的说法，即以《西游记》、《回龙阁》、《芦花》为代表的河北丝弦剧目，和以《铁幡杆》、《潼关》、《北游记》为代表的梆子戏剧目。这些剧目同样是河北丝弦、梆子戏的传统经典。而山西晋中的木偶戏传统剧目，有《明公断》、《打金枝》、《算粮》、《渭水河》、《花亭》等，这正与这一地区的晋剧最流行的表演剧目是一致的。

河北晋县木偶《小放牛》，选自《中国民间美术全集》

这种特点在中国各地偶戏及其各种偶戏形态中具有普遍性。

三、趋于一致的舞台美术

中国偶戏在唐代就已经创造出“木老人”这一艺术形象，来表达深邃的佛教空幻思想。在唐代诗人笔下出现的木老人“鸡皮鹤发”的形象造型，也成了后人追怀前代艺术创造的最佳印象。而到了宋代，偶戏已经通过偶像来展现战争、历史、君臣、世情等故事

与中国戏曲趋于一致的福建漳州提线木偶刘备、关羽、张飞造型 《中国民间美术全集》

场面，也必然会在偶人的造型中赋予社会道德理想。例如在当时的皮影戏造型中，就强调偶人"公忠者雕以正貌，奸邪者与之丑貌"，即用偶像的美丑来显示形象的好坏，寄寓社会褒贬的内涵。这成为中国各种戏剧艺术在塑造形象时的共同规则。

例如河北晋县木偶雕刻有"眉目清秀人忠良，鼠眼猴头性奸险；风姿俊俏多慈善，面肉横生皆凶恶"的俗谚[①]。而在闽南木偶的雕塑艺术中，强调在黑、白、红三种颜色的基础上，进行人物类型化的呈现。偶戏在以真人为蓝本的雕刻塑造中，强调用色彩、容貌、表情来传达人的品性、气质、性情等特征，这正是中国戏曲艺术一直就在奉行的原则。在中国各地地方戏曲艺术中，各行当艺术基本上也是通过俊扮、丑扮、花面等形式，来表现形象的个性气质；而且黑、红、白、绿、青、蓝、紫各色，也与道德、神幻等观念联系在一起。特别需要提及的是，从北齐时代就已经出现的"郭秃"形象，实际上开启了中国戏剧艺术的丑行特征。这种共通的人物类型化表现方式，正造就了偶戏丑角造型与戏曲丑行造型的一致。至于偶戏与戏曲的净角，都采用脸谱。而且在脸谱的选用上，既存在一幅脸谱可以用

中国戏曲艺术中的花脸

① 孙建军主编：《中国民间美术全集·木偶皮影卷》，27 页，山东教育出版社、山东友谊出版社，1995 年。

于多个角色的情形，如蝙蝠脸可以用于钟馗，也可以用于鬼判；也存在一幅脸谱专用于一个角色，如关公、孙悟空的脸谱造型只属于特定形象。这也是偶戏与人演出的中

福建漳州掌中木偶《西游记》

选自《中国民间美术全集》

国戏曲共同遵守的规则。当然，按照戏曲声腔、戏曲剧目的规则进行表演的偶戏艺术，也一直遵守着与中国戏曲一致的舞台规范和表演规则。作为中国戏曲艺术最基本的场面造型——一桌两椅，通过非常简洁的方式可以表现各种各样的场面，这在行动更为便捷的传统偶戏班社，被一直奉行。在这样的场面中，偶戏的艺术空间得到了丰富的展现。很显然，中国戏曲艺术贯彻的“三五人可做千军万马，六七步如行四海九州”原则，在形象更为简单、场面调度更为灵活的偶戏艺术中，被发挥得更加淋漓尽致。

偶戏与中国戏曲的一致性，正是中国传统戏剧艺术及其审美理想，在不同形态的表演中被充分发挥的证明，当然也是两种艺术形态彼此交流、相互影响的结果。而这种从元代以来就已经达成的一致性，也表明了偶戏实际成为借助偶人表演而形成的戏曲艺术。那些丰富多彩的偶戏艺术作为中国戏曲的具体缩微，无疑可以看作与人表演的中国戏曲并生的姊妹艺术了。

独具特色的戏剧艺术

中国偶戏在元代以后，出现了与中国戏曲艺术并行发展、彼此吸收的艺术规律，以至于中国大部分偶戏，无论其剧目、声腔，还是表演、舞美，都与中国戏曲各剧种具有一致性。但是，偶戏悠久的历史所孕育的多种表演形态，在不同的地域获得了不同的发展轨迹。特别是不同的戏曲声腔艺术在进入某一地域之后，与当地偶戏艺术的传统也会出现不吻合、不协调，甚至彼此毫无关涉的发展脉络。从这个角度而言，这种不趋同于时尚艺术的特征，正造就了中国偶戏自身艺术品格的保持。今天我们能够看到的各种偶戏，除了使用偶人来表现艺术形象这个根本特征之外，还有很多与人戏不同的特色，显示出偶戏在不同的历史阶段、不同的文化地域，乃至在不同的偶戏艺人手中，所焕发出来的艺术风采。

一、独特的偶戏声腔

在众多偶戏品种中，也有至今不趋同于地方剧种声腔的偶戏声腔，这让人们能够感受到偶戏在用音乐表现形象的时候所具有的独特个性。

例如泉州提线木偶使用的声腔，被称做“傀儡调”、“嘉礼调”，至今沿用唐代音乐中“打撩”的概念，按

福建闽南地区戏曲演出中的伴唱与伴奏

照慢（散板）、七撩、三撩、一二、迭拍等五种节拍类型和众人帮腔的形式进行演唱，并在唱腔中采用中州韵的“蓝青官话”。这种独具特色的傀儡调，代表了南音泉腔的古朴面貌，与当地梨园戏低回婉转的风格明显不同，深深地影响了南派布袋戏、高甲戏、打城戏等剧种声腔。同时，泉州提线木偶采用“压脚鼓”来塑造音乐形象，比当地梨园戏的鼓的演奏技法要繁复得多，其技法被南派布袋戏全部采用①。

而海南临高人偶戏的声腔，则主要包括来自本地民歌的“啊啰哈”和来自道教音乐的“朗叹”两种腔调。特别是使用频率最高的“啊啰哈”，演唱时用“啊”、“啰”、“哈”三字作为衬字，不管什么剧目都是一腔到底，丝毫不会让听众有腻烦的感觉。这一声腔在解放以后，成为海南临高的临剧所使用的主要声腔，并结合了临高民间小调、山歌等音乐元素，衍生出不同的音乐曲调②。

高州木偶的唱腔也被称做“木偶腔”，实际采用高州山歌曲调发展演变而成。这与粤西普遍流行的粤剧、邕剧、雷剧等戏曲剧种声腔有所不同，通过饱含民间音韵特征的唱腔旋律，表现七言或十言的长篇韵文，极富地域特点，在当地民间深入人心。

此外，基于民间偶戏的生存需要，偶戏艺人在原有艺术积累的基础上，往往会取用本地流行剧种的声腔和剧目，或者因为条

---

① 王景贤、白勇华：《指掌乾坤——精彩绝伦木偶戏》，福州，海潮摄影艺术出版社，2006 年。

② 参见《中国戏曲志》编辑委员会、《中国戏曲志·海南卷》编辑委员会：《中国戏曲志·海南卷》，346 页，中国 ISBN 中心出版，1998 年。

泉州提线木偶表演　曹娟供图

件不足而改变原声腔的艺术特点，这就造成了许多偶戏不再是单纯的一种声腔，也不再是一种声腔的固定表现，而逐渐成为新的偶戏声腔。例如闽西偶戏流行的区域，也是闽西高腔、乱弹等声腔流布区，同时这一地区的地方山歌、宗教音乐十分丰富，偶戏在发展过程中不断吸收这些剧种、曲种的剧目和音乐，也就逐渐地在一些班社中形成了高腔、乱弹、法事调、山歌等兼具的偶戏声腔。这种多声腔特色正表明兼容并蓄的偶戏已经获得了新的音乐体系。前述陕西合阳提线木偶的声腔——线腔，也同样是不同于当地流行的秦腔、眉户、碗碗腔等声腔艺术的偶戏声腔，在中国声腔音乐体系中独具特色。但是构成其声腔体系的重要组成部分，除了“线腔调”外，还有“乱弹调”，这正是这一地区流行的同州梆子被偶戏吸收的结果。从这个角度而言，合阳提线木偶也是多声腔的偶戏剧种。而活跃在福建闽东北等地的平讲戏，本来也是由高腔、乱弹、茶灯等几个声腔形成的多声腔剧种，但是在当地杖头木偶戏移植的时候，只是沿用平讲戏的基本调如“江湖调”、“柴牌调”等进行表演演唱；而当地幔帐戏因为一人演唱的局限，削减了平讲戏的帮腔方式，而较多地吸纳闽东说书艺术的“说书调”，这就使偶戏的平讲戏声腔发生变化，从而形成了独具偶戏特色的声腔艺术。

偶戏独特的声腔艺术及其形成规律，代表了中国戏曲声腔艺术的发展规则，同时也显示了偶戏鲜活而旺盛的生命力。这对中国各种传统戏剧艺术如何生存、发展，提供了借鉴经验。

二、独特的偶戏剧目

偶戏在元代就出现《尉迟平寇》、《子卿还朝》之类的剧目，显示出与元代杂剧并不完全一致的剧目创作特点。而在民间基层社会的信仰活动中，更有一批独具特色的剧目，代表了中国偶戏在明清以来的剧目创造。这些独特剧目，一方面指的是偶戏保留的传统剧目，原本移植自人戏，但是随着时代、地域、演员等多种原因的限制，这些剧目为偶戏独有；另一方面指的是偶戏艺术在民间生存时，依据特定时间、地域、文化等因素的需要，而拥有的独创剧目。

例如在明清两代的长江流域各省，均保留着《目连戏》、《香山传》、《精忠记》、《西游记》等大型的连台本宗教剧。这些剧目由于配合宗教祭祀活动进行表演，在解放后就已经很少演出，甚至不再演出；随着老艺人的大量谢世，这些剧目也难以再现。但是偶戏艺术却保留了这些珍贵的剧目，如湖南辰河地区的矮台班至今能够在祭祀活动中演出这些剧目；而泉州提

泉州提线木偶目连戏《速报司》 曹娟供图

线木偶至今保留的《目连》、《西游》等剧目，成为展示泉州偶戏古老声腔和细腻表演的最佳代表；莆田地区的很多偶戏班社能够演出《目连》，并且一直坚持着这一剧目的宗教仪式特征。

随着民间信仰在明清时代的繁荣发展，依附着宗教信仰演出的大批偶戏剧目也被传承下来。例如陈靖姑信仰在闽西上杭地区广泛存在，并衍生出与其生日相关的“夫人会”等宗教活动；闽西偶戏的重要剧目《夫人传》不但在“夫人会”上广泛演出，而且也成为闽西道教坛场的常演剧目。这种与宗教相配演出的剧目是明清戏曲艺术难以展现的。特别是许多外来声腔在保持其娱乐戏剧的特征时，很难与宗教仪式实现完美统一，由此限制了特殊剧目的人戏化，从而促使偶戏保留这些独特剧目。福建莆田偶戏的《目连》、《愿》、《北斗戏》、《鲁戏》，闽北大腔偶戏的《海游记》、《南游记》、《度仙记》、《五星记》，闽中词明傀儡戏的《临水夫人传》、《南斗前文》、《北斗全集》、《田元帅》、《白登城》、《观音传》，闽东北四平傀儡戏的“六硐”（《华光传》、《奶娘传》、《双罗帕》）等剧目，或者依附在受众众多的民间信仰，如陈靖姑信仰、华光信仰、田公信仰；或者依附在特定的民间礼仪，如祈寿、遣霞、除煞等，至今具有旺盛生命力和广泛影响力，成为亦戏亦仪的特殊剧目。

福建民间偶戏舞台上的陈靖姑

而随着民众生活对娱乐戏剧的需要，偶戏也创作、移植、改编了大量情节曲折、内容丰富、表现独特的剧目，在观众中一直常演不衰。特别是在合阳提线木偶的剧目中，除了传统的“十二鸳鸯”、“十二龙凤”、“二十四箱”、“七十二图”等传统大戏，还有一类剧作被称为“稍戏”、“哨戏”，即用风趣幽默的语言和饱含生活气息的情节，专门取悦观众。这类剧目大多即兴创作，颇富独创的机巧和智慧。这种成本大戏与生活小戏并演的剧目特征，成为中国偶戏的娱乐性剧目的基本特征。当然，由于提线木偶、杖头木偶、布袋木偶等偶戏形态的不同，剧目在这些偶戏中也有不同的倾向。一般而言，提线木偶、杖头木偶、人偶戏的传统大戏较多，而布袋木偶的生活小戏较有特色。

晋南木偶《货郎翻箱》

需要提起的是，从宋代开始，偶戏多样化的题材内容，大多呈现出虚多实少的风格特征。特别是偶戏在固定的舞台中出入自如、灵活行动的偶人特征，以及中国戏剧艺术长期与宗教活动配合的生存背景，共同奠定了这种戏剧艺术擅长表演神幻剧目的特点。

三、独特的演出特点

偶戏是人与偶共同完成的戏剧样式，这种艺术在宋代就以宣讲话本的形式，成为长篇话本故事得以形象化的戏剧形态。而中国戏曲虽然也从百戏杂耍的勾栏瓦肆中孕育，也附带着说唱艺术的诸多痕迹，但是以曲为主的演剧规则，使这种艺术形态一直保持着“歌舞”与“故事”相互结合的特点。因此，传衍至今的偶戏与戏曲在表现形态上也就有所区别。特别是在一些古老的偶戏品种中，偶戏的演出与中国戏曲各剧种均有所区别。

戏剧与宗教民俗相互配合，这是宋元以来的中国戏剧艺术非常普遍的现象。但是，偶戏在戏剧与宗教的结合中呈现出更为近密的关系，却是中国戏曲艺术所无力比及的。特别是那些深入到人的生命礼仪中的诸多演剧形式，如福建莆田偶戏在结婚时表演“探房”仪式、为孩童表演《北斗戏》、为还愿者表演《愿》，闽东偶戏为孕妇表演《华光传》的“遣霞”仪式，以及各地偶戏常见的“除煞”表演等等，既是唱做俱佳、有情节、有形象的偶戏艺术，也是有规范、有禁忌的宗教仪式。这种饱含宗教功能特征的表演，既来自偶像在中国传统社会中天然生成的“丧家乐”特征，也来自于唐宋以来民间偶戏艺术与民俗生活相互结合而成的文化生态。从宗教民俗的特点而言，偶戏较之中国戏曲与民俗的关系要更为紧密，这也是偶戏艺术最具特征的演出特征。

福建莆田偶戏演出时的戏台及戏神神位

而依附在说唱形态的表演模式，也为偶戏造就了与一般戏剧形态不太相同的特点，用偶戏演话本故事成为众多偶戏至今沿用的方式。例如福建闽北地区的大腔傀儡戏，其剧目大多以《清平山堂话本》、《全相三国志平话》、《薛仁贵征东》、《薛丁山征西》、《五虎平南》、《龙图公案》等公案及演义小说作为基础，进行演绎；演出大多采用连台形式，少则十天半月，多则半年。由两个人进行说唱的这种偶戏呈现出非常浓郁的讲史特征，观众与其说是看演故事，莫如说是在听说故事，那些战争场面、历史人物，以及彼此对白、唱念，均通过偶戏艺人绘声绘色的表述得以实现。而闽西偶戏也有“提傀儡、讲故事”的形式，呈现出重故事宣讲而轻人物表演的特点。位于粤西的高州木偶，其剧本题材也来源于长篇章回小说或者地方民间传说，如有《杨家将》、《说唐》、《冼夫人传奇》等。在演出过程中，由于宣讲故事的需要，允许艺人根据剧场需要进行现编现演，这也即当地所说的“爆肚戏”。显然，这些通过偶人说唱故事的形式，代表了中国偶戏在早期发展历程中就已开创的表演形态，这与几乎全部为代言体的戏曲艺术是有所差别的。

由一人说唱的四平傀儡《隋唐演义》

需要特别提出的是，偶戏艺术的表演虽然也取法于戏曲程式，但是，因为偶人毕竟超越了人体的极限，因此，许多动作程式反而更加夸张、变形，更容易取得动作本身表达的意蕴。例如泉州提线木偶剧目《古艺新姿活傀儡》，在表现杂技艺人站立在

《闹元宵》中的杂技　傅起凤供图

川剧《金山寺》展现的舞台造型

人身上的诸多技艺时，就充分借鉴了当代杂技的基本动作。但是，那种站立在人身上的舞姿造型，却只能是属于偶戏艺术的；超越了身体极限的造型能够给人以艺术的震撼，正来自于偶人表演的这种基本特征，人表演的戏曲、杂技实在是难以企及。偶戏独特的构造装置，也使其部分表演更加形象逼真，例如布袋戏的武打，虽然不可能完全呈现戏曲艺术中的把子功，但是演员双手操纵的表演特点，却很协调地实现了武打人物的对抗，甚至偶头的活动特征也可以强化厮杀场面的血腥，这是舞台艺术很难展现的。由于中国偶戏在宋代以来就形成了“虚多实少”的剧目艺术特点，其表演也比较适合展现虚幻境界的舞台场面，特别是神话、传奇故事的渲染，大多能够使偶人凭借外力，展现人所不能的动作，塑造人所不及的场面。

偶戏的拟人化与戏曲的偶人化

作为中国戏剧艺术的重要组成部分，偶戏与中国戏曲的密切联系还表现表演特征的一致性和互补性。所谓的一致性，即二者在通过动作表现人物的过程中，均遵循着呈现人物形象、刻画艺术典型的目标；所谓的互补性，即二者在完成艺术典型的塑造时，均能够从对方的艺术规则中吸收可以借鉴的要素。而这正在偶戏的拟人化与戏曲的偶人化中得到证明。

偶戏产生的基础是偶像的拟人化表演。在汉唐之间的水傀儡就以百戏杂耍的方式，让偶人展现倒立、跳丸、掷剑等技艺。特别是隋代的“水饰”，将偶人的技巧发挥到极致，类如“刘备乘马渡檀溪”、“周处斩蛟”、“屈原沉汨罗水”等戏剧场面，以及由佛、菩萨、罗汉、天人等偶人构成的动态的佛陀净土，都显示出拟人化的偶人达到了与真人一致的技艺高度。这种拟人化的追求，成为中国偶戏千百年来一直希图达到的境界。可以毫不夸张地说：一部偶戏的发展史，实际也是偶人模拟真人情态的技术史。

四川木偶戏中的变脸　曹娟供图

因此，偶戏在技术方面，即以水傀儡和药发傀儡为代表，逐渐将偶人的真人化与外部推动力量的不断提高建立联系；偶戏在技巧方面，则以提线木偶和布袋木偶为代表，将偶人的真人化与人的手指运作技术的不断提高相关联。当然，偶戏在声音、造型、服饰等方面的提高，也成为偶人实现真人化的重要手段。这些途经不断使偶人更见接近真人，也不断使偶戏更像人戏。也正缘于此，在甘肃、陕西等地，“偶戏”与“人戏”相对应，被称为“小戏”。所谓的“小”，并不是指现代人所说的以表现小情趣、小场面的小戏，而是指偶戏的表现者偶人的小巧。而在闽南等地区，偶戏则被看做“大戏”。所谓的“大”并不仅仅指大题材、大场面的大戏，而且兼指戏剧在参与宗教祭祀活动时呈现出来的符合国家礼法的特征。显然，偶戏无论从艺术表现，还是思想内涵，都成为中国传统社会中与民众生活息息相关的艺术形式，这正使它的拟人化在深入生活、展现生活方面达到了出神入化的艺术境界。

川剧中的变脸

在偶戏的艺术遗产中，为了表现偶人的拟人化特点，历代偶戏艺人创造了大量的操作技法，以拓展土木偶人的人化表演。例如提线木偶的线规技法，就包括了提、拨、勾、挑、扭、抡、闪、摇等诸多控线技巧，能够展现坐、立、行、走、跑、跳等人体动作，并展现骑马、坐轿、腾云、驾雾、舞刀、弄枪、舞蹈、杂耍等与舞台道具相关的场面；特别是泉州提线木偶，甚至可以在舞台上将人物瞬间幻化成不同形象，显示出高超的艺术技巧。而杖头木偶虽然只用一个主杆与两个侧杆操纵偶像，但是依旧能够通过对木偶头部、手臂、肘、腕、指的掌控，表现栩栩如生的人物情态，加之偶像造型的眼、嘴等部位可以活动，使艺术形象更加逼真。依靠偶戏艺人的表现，木偶可以表演翻书、写字、开弓、射箭、穿衣、戴帽等生活动作，颇为细腻生动。而四川木偶戏除了具有上述技艺外，还可以像真人一样展示变脸、吐火等高难度的技艺，呈现出偶人不让真人、偶人更胜真人的精妙表演。

偶戏的人化也表现在偶像基本按照中国戏曲艺术中的生、旦、净、丑等，进行行当分类，并且形成一套各具特色的表演模式。例如福建莆田提线木偶的旦角，与莆仙戏的旦行的表演基本一致；特别是在表现行路、踱步等脚步动作的时候，通过牵于偶人膝盖与足部的提线，逼真地模拟出“蝶步”的形态特点，其细腻逼真与莆仙戏旦角的“蝶步”毫无二致，在众多的偶戏旦角艺术中独树一帜。而泉州提线木偶、闽西提线木偶的丑角，则借助夸张的偶头造型，着重于用提线展现偶人的躯干、腰胯及四肢的配合，用身体的“不正”来凸显形象超出常规的艺术特征，使丑角极尽夸张而能生发出意想不到的偶趣，这也正是人戏难以企及的艺术表现。

虽然偶戏力图展现中国戏曲行当艺术的基本特点，但是也同时发挥着雕刻偶人的随意性。例如在河北偶人的雕刻艺术中，比较讲究偶人从相貌中透出来的道德美感，有所谓“眉目清秀人忠良，鼠眼猴头性奸险；风姿俊俏多慈善，面肉横生皆凶恶”的塑造标准。显然，这些形象特征有时会超越行当的脸谱化，而使偶人更符合戏剧情境中的情绪、动作，这就在行当之外，为偶戏增加了更加丰富的人性化的理解。今天能够看到的各种偶戏中的偶人，其偶像的雕刻、塑造风格很不相同。北方偶像趋于粗朴、稚拙，各行当除了面部的性别属性外，即通过服饰、穿戴等方式表现身份、等级等特征，特别是偶戏中的净角、丑角则分别采用繁复的脸谱、邋遢的造型来彰显人物的气质、个性；但是南方偶像则趋于精致、灵秀，虽然也有华丽的服饰来表现不同人物的生活背景，但是偶像面部则更突出人性特征。南北方的偶像制作虽有所区别，相对于人戏舞台上的行当艺术，则明显地都具有深化行当类型、凸显人性特征的意图。这些用意显然与偶戏千百年来力图通过偶人模仿来代替真人表现的宗旨是一致的。

而与这种艺术特点相关的，则是中国戏曲的偶人化。

中国戏曲艺术在明清以后随着戏曲艺人队伍的不断扩大而获得了长足的发展。特别是随着近代西风东渐的时代变革，趋向人性化的话剧为中国传统戏剧艺术做出了重要的示范，中国戏曲的演出不断地摆脱宗教信仰的束缚，中国戏曲的表演也更加符合人体韵律。无论是行当艺术的发展，还是表演程序的变化；无论是化妆艺术的改变，还是戏曲服饰的更新，都一再地显示出中国戏曲偶人化特征的消减。例如戏曲净、丑行当在近代以后逐渐衰落，特别是脸谱艺术在净、丑行当中逐渐弱化。舞台上不再创造，或者说无法创造出新的脸谱，这与戏曲艺术对形象塑造中的人性理解有所增强密切相关。再如中国戏曲中传统的青衣行当重唱功表现，有所谓“抱肚青衣”的称呼，即在演唱中需要保持固

布袋木偶——穆桂英
曹娟供图

在南方各地的布袋戏中，福建的布袋木偶的种类比较丰富，艺术造诣也最具代表性。布袋戏在福州被称做"景戏"等，在闽北被称做帐篷戏，在闽东被称做幔帐戏，基本上都保持着布袋木偶的大体风格。但是，闽南布袋戏却获得了长足的发展，不但涌现出江家走、徐年松等享誉海内外的木偶雕刻大师，而且创造出高超的演出技巧和经典的戏剧剧目。特别是闽南布袋戏流入台湾之后，产生出很多艺术名家，其中尤以当代的李天禄、黄海岱最为卓越。

福州布袋戏，也被称做景戏、儒林景戏、串头戏、手提戏、没脚戏、手提木偶等，流传在福州、福清、长乐等福州方言区。清代道光年间就有《福州竹枝词》，称颂布袋戏说"景戏洋歌里巷纷"，说明这一艺术样式已经普遍流传于市井生活中。

泉州布袋木偶，也被称做南派布袋戏、泉州派，主要流传于泉州、晋江、台湾等闽南语（泉州话）地区。南派布袋木偶据说产生于明代泉州，由不第文人梁炳麟创造。关于他的传说也一直在泉州、晋江等地有所流传。清代《晋江县志》就称这种偶戏为"掌中弄巧"，正揭示出这一艺术形式依靠手掌表现故事的基本特征。南派布袋在历史发展过程中，突破了一个艺人表演的"单弄"形态，而发展为两个演员操作布袋木偶的表演形态，因此在定姿势而不许变化。但是近代以后各剧种的青衣行当，都不断地吸纳其他行当艺术的表演特点，呈现出唱做并重的艺术标准。甚至在不少剧种中，青”行当可以扮演所有女性角色。这种发展规律正是昆曲等戏曲剧种从行当俱全趋向小生、小旦戏的翻版。脸谱、行当等概念本身就附带着偶像塑造的意味，而这些变化实际正成为中国戏曲偶人化特征不断消减的实例。

川剧昆曲《文武打》中的丑角

在中国戏班禁忌中，留下了许多口述资料，显示出戏曲艺术参照偶戏表演规范的历史痕迹。特别是在特殊的剧种，如福建莆仙戏、梨园戏、高甲戏等，则几乎按照偶戏的表演特点，塑造人物形象，表达人物情感。

莆仙戏的各行当表演，具有统一的规范，艺人们称之为“傀儡介”[①]。即不是展现演员的真人体态，而是按照偶人的身体韵律来表现人物。例如手部基本动作除按照“上不超过眉毛，下不低于肚脐”的标准外，最经常使用的“香园手”，与莆田木偶的手部造型完全一样；而且生角的“抬步”、旦角的“蝶步”、净角的“挑步”、丑角的“七步溜”，均不同于真人步伐，而与偶戏动作相同。这种一致性也表现在对生活动作的再现上。例如莆仙戏

① 关于莆仙戏的科介体系，可以参见黄文狄：《莆仙戏传统科介》（内部发行），福建人民出版社，1962 年。

莆仙戏《春草闯堂》中的丑角和旦角
刘文峰提供

传统戏中表现礼拜、叩头等动作的时候，下身跪在地上，双手合十，通过腰部带动上身，转圈下伏，表示礼拜，如此三次；而在表现气恼、愤怒的时候，用“大催心”的表现手法，让手臂在胸前抡圈。这些动作均与提线木偶相同。在莆仙戏传统剧目《三鞭回两锏》中，剧中人挥舞兵器但始终保持着彼此不贴近的原则，各自在自己的台位上转动，当二人交叉对打后即转圈下场。这种下场方式不像其他剧种表现追赶、奔逃的方式，而是与莆田木偶戏表演中通过转动钩牌让偶人旋转下场的方式一致。这些动作基本上成为莆仙戏各行当的规范准则，在各种不同的生活场面中，通过这些动作体系的组合，实现人物塑造、场面再现。

福建莆仙戏《千里送》的舞台造型

从莆仙戏的动作规律来看，“傀儡介”的基本原则即在于描摹偶人塑造形象时的动作，用肩、肘、腕、胯、足等节点部位的着力夸张，支配颈、臂、手、腿等部位的动作，从而凸出身体各节点，使人的身体偶人化。这明显与中国众多剧种避免身体节点突出、力图呈现流畅线条的原则正好相反。莆仙戏的这种古朴动作及其表演规律，在福建梨园戏中也有同样的保存。梨园戏的基本动作要领[①]，被统称为“十八步科母”，即用固定的动作规范作为千变万化的人物动作的基础。特别是小梨园一派，表演手势称为“傀儡手”，表演脚步称为“傀儡脚”，武打动作有“傀儡打”、“傀儡跳”等各种分别。这些动作普遍出现在各行当表演中，虽然随着时代发展其人性化特色越来越明显，但是模仿木偶的动作规律却一直保存在各个动作规范中。

川剧昆曲《安天会》

福建高甲戏也是一个模拟偶人动作的剧种。在民国年间，高甲戏产生了众多丑角流派，并且形成了丑角担纲的格局。其时被列为闽南四大名丑的柯贤溪、施纯送等四位表演艺术家，均以各具特色的丑角艺术享誉海内外。这些艺术家们的丑角塑造，在梨园戏科介体系的基础上，也是遵循着模拟偶人的原则，有所谓“傀儡丑”的称呼，即丑角要体现傀儡木偶的神韵。闽南四大丑

① 关于梨园戏的科步规范，可以参见吴捷秋：《梨园戏艺术史论》，财团法人施合郑基金会，1993 年。

之一的施纯送在展现傀儡丑表演的时候，总结出八句口诀：

举手提足线路明，活关死节转不灵，动时处处和节律，静时常似雕塑型。

把握人与傀儡间，变化皆从角色行，貌憨形拙心眼活，呆头傻脑自生情①。

在这个口诀中，无不体现着偶人的形体特色和憨态意趣。所谓的“线路”，即是人体动作要显现提线木偶中“线”对偶人的操控特点；所谓的“活关死节”、“节律”，即是要凸显人体节点在动作中的转接，使动作符合提线造成的偶人韵律；所谓的“雕塑”、“貌憨形拙”、“呆头傻脑”，则是要求形象避免人的灵动，而接近偶人的呆板；所谓的“把握”、“变化”、“生情”，则需要在呆板的偶人形体基础上，提升并强化人的最本质特征。这八句口诀实际成为高甲戏动作规范的集中概括，也是戏曲艺术偶人化特点的最好描述。

关于中国戏曲艺术的起源，有很多学术争论和推理，但是无可否认的是，中国戏曲艺术中保留了众多关于偶戏艺术的规范，甚至在个别剧种，至今保留着对偶人动作的模仿。

---

① 王景贤：《高甲戏“傀儡丑”的表演欣赏》，《泉州地方戏曲》第一期，168页。转引自叶明生：《福建傀儡戏史论》，1081页，中国戏剧出版社，2004。

第五章

偶戏技术与相关制作

机关技艺与操作

偶戏的偶人，与一般的静态偶像有所不同，除了在面容体态上接近真人形象外，还需要便于表演。适合表演的要求成为偶戏偶人必须具备的特性，偶人在结构上所附带着更多的机关、媒介，主要是便于操纵者更适宜地操弄偶人，以表现舞蹈动作。不同类型的偶戏，其构造也各具特色。

一、提线木偶

提线木偶的偶人制作经历了由简单到复杂的变化过程。早期的偶人大多只有偶头和偶身，身体扁平，用衣袍呈现肢体。例如陕西合阳提线木偶的早期偶人即是如此，仅有偶头和身体，略显呆板；衣服的作用除了一般的装饰之外，还有凸显身体特征的意义。随着制作工艺的完善，偶人越来越趋向逼真，不但是偶头制作细腻入微，而且四肢、肚腹均予以表现，加上衣帽袍带，更加接近真人效果。例如泉州提线木偶人即由偶头、笼腹、四肢构

莆田民间偶戏

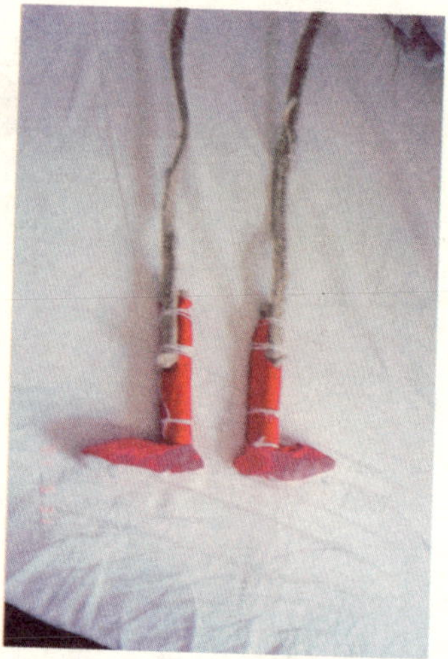

福建莆田提线木偶下肢

成，而偶人的手不但刻镂出手指、手掌，而且还有文、武之分，以适合操作器皿的多种需要；笼腹也区别出上腹和下腹两部分，以展现符合身体韵律的上体结构，并能够做出前后、左右及转身等多种形体动作。

除了偶人之外，提线木偶还需要提线和提线板，作为偶人与操纵者进行沟通的媒介。提线木偶的提线，数量不等。在宋明时代的绘画作品如《傀儡婴戏图》、《重刊赵氏孤儿记》版画中，用来操纵偶人的提线基本在六根左右，主要连接在偶人的四肢和躯干上。这即意味着偶人的动作大体以展现四肢配合为主。而在《骷髅幻戏图》中，骷髅偶人的提线则有十根以上，这与图像力图显现骷髅的生命感觉是相关的。一般而言，提线木偶按照提线的多少，分成大提线、小提线两种。大提线的提线多至 16 根以上，与人体结构相吻合，通过不同关节的提线来展现人物的动态感觉；而小提线的提线则在7根左右，主要在四肢、两鬓和脊背连接提线，即所谓的两根手线、两根脚线、两根耳线和一根命根线，基本表现出人的活动特征。

例如陕西合阳提线木偶的提线，因为偶人只具有偶头和身体，故主要需要六根提线，头部三根，手两根，腰一根，随着时代的发展，特殊的戏偶也增加到13根。江苏提线木偶则分“死线”、“活线”两种。死线是将七根线全部扣在提线板上操纵木偶；活线则将三根主线扣在提线板，其他的线则根据需要活挂在上面。闽西木偶的提线在不同地区有所区别，有五根、十根、十二根、十五根、十六根等不同的形制。而泉州提线木偶中，向以提线繁多、技巧复杂著称，其提线可以达到40多条。例如其基本的20个线位，就包括头钉线、胸前线、背脊线、手指线、手掌线、手腕线、手肘线、手肱线、脚线、臀线、眼嘴线、鞠躬线等。这些提线未必都出现在每个偶人上，但是纷繁复杂的提线正显示出泉州提线木偶在刻画人物身体细节时所作的创造。而中国大部分地区的提线木偶，其偶线主要在13根左右，基本上在保持身体稳定的前提下，能够表现歌舞动作。应该说，提线的多少决定了偶戏的灵动，中国各地提线木偶戏也在数量不等的提线操纵下，展现出各具特色的偶戏动作，当然，偶人制造技术和演员的提线技巧，都产生着重要的影响作用。

提线板是汇聚提线、便于人手操纵的操纵柄，也称为“钩牌”、“架头”、“线板”、“琵琶头”、“抓手板”、“竹杯”、“牌头”等。提线板上一般会接札挂钩，便于将偶人挂在舞台，

泉州提线木偶《钟馗醉酒》的偶人及提线板　傅起凤供图

随时取用。数百年的偶戏艺术史也是偶戏制作技术的历史，因此，中国各地偶戏也保留了品类多样的提线板式。例如福建闽东北词明傀儡的提线板，由竹棍和木制横杆组成丁字形，上面接札挂钩。这种形制与宋代《傀儡幻戏图》展现的提线板比较一致。而在寿宁、屏南等地的四平傀儡，则依据偶像的不同，又有文线板、武线板、动物线板、小板等类别。其形制也各有特色，寿宁文线板多用竹板制作，形似琵琶，提线固定在线板上，主要用来操纵戏剧主角等偶像；武线板则为梭形，提线穿于线板，可以灵活抽动，主要用来操纵武将人物和舞蹈角色；动物线板为直条状，中部突出，线位简单，主要用来操纵动物偶像；小板形似文线板，主要用来操纵孩童偶像。此外，在闽西高腔傀儡戏、莆田提线木

福建屏南四平傀儡的勾线牌及道具

偶戏、泉州提线木偶戏中，提线板的形制，也在基本保持丁字形结构基础上，在悬挂提线的前板和用来操作的抓手，均有不甚相同的长宽、厚薄的要求。

二、杖头木偶

杖头木偶的基本结构主要包括偶头、杖头、肩牌、偶身、手竿五部分。

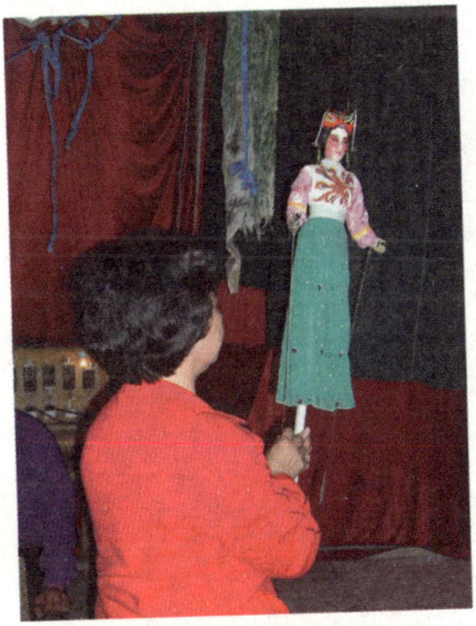

杖头木偶戏

偶头主要有泥、木等物质制成，下面即为杖头。杖头，也称做“命竿”、“主杆”。既是支撑偶人身形的主杆，也是人手操纵的主要对象，多采用竹竿、木杆做成。简易的杖头即在木杆上安置偶头，用线绳将短小的竹棍捆绑在杖头上，形成十字形或三角形，以此形成人物的肩部，套上衣服后，即成为身体具足的偶像了。比较讲究的杖头，则用竹竿制作，将杖头设置成内杆、外杆两部分。内杆用来连接偶头，外杆用来支撑躯干，把内杆插入外杆，通过操纵者的推移，使偶头展现出左右、上下的动作。各地的杖头长短形制并不统一，长的被称做“长颈”、“长把”；短的被称做“短颈”、“抓颈”，各自拥有不同的表演技法和表演风格。

肩牌与偶身，则主要呈现偶人的身体躯干。简易的肩牌用竹木绑在杖头上即可呈现，稍稍复杂的肩牌则用三角形操纵把，将肩部与躯干凸现出来；偶身，则用竹条或纸壳编织成篓状，套于肩牌上，或者用吊线吊在肩部，形成偶人的上身。

手竿，也称做手机、侧杆、手挑子、手签等，用来连接在偶人手肘处，支撑偶人上肢的运动。按照手竿与衣服的关系，又出现了内操纵和外操纵两种不同的手竿表现形式。内操纵形式是将手竿放在偶人衣服里面进行操纵，一般比较适合宽大的古代服饰。内置的手竿虽然限制了偶身的呈现，但是双手也随之内置，更易于通过手的配合来表现较为细腻的动作。外操纵形式是将手竿放在衣服外面。这种方式易于将偶身凸显出来，使偶人身体更加逼真，特别是便于独特人物的胸腹部、臀部的表演。

山西新绛扦竿内置的杖头木偶
选自《中国民间美术全集》

除此之外，杖头木偶还在部分形象中配置腿脚，以表现腿部动作。基于杖头木偶的主要结构，此类偶戏形式更便于展现偶人上身及头部的艺术风貌，而身形与腿部动作，则主要借助操纵者在幕布之内的行走进行呈现了。因此，偶与人的表演就需要相互配合，来补充此类偶戏形式在结构上的不足。特别是海南人偶、川北大木偶这些偶戏样式，人的表演成为偶人的延伸，并形成了“人偶戏”这一独特的艺术表现方式。

三、掌中木偶

李伯芬和他的掌中木偶
选自《徐竹初木偶雕刻艺术》

掌中木偶的表演主体是操纵者的一只手，手指实际成为这一偶戏形式必不可少的组成部分，而偶人则由偶头、布袋和双手等组成。

掌中木偶的偶头，需要在头部以下留出可容手指插入的空间，便于指头带动偶头运动；特别是以闽南掌中木偶为代表，头部脖颈处要留出线孔，用来将偶头与衣领连接起来。

掌中木偶的布袋是构成偶人身形的基本条件，同时又要适合操纵者的手掌大小，通常将偶头缝连在布袋上，或者在布袋上钉上固定的木头领口，便于将偶头插在上面；同时也将双手连接在布袋上，以此形成基本的身体轮廓。手伸入布袋，借助手掌撑起偶人的身形，而手指则带动头部、手部，进行表演。

双手是掌中木偶必备的肢体，也是进行表演时最能体现人体运动的重要组成部分。掌中木偶的双手一般分掌形与拳形两种，在民间也被称为文手、武手。掌形的偶人手指可以活动，而拳形的偶人则借助抱拳时形成的中空结构，可以插入刀枪剑戟等器物，特别适于表现武打场面。

此外，掌中木偶也逐渐发展出附带脚部的形制，比较利于表现偶人的身体全貌，也带动了偶人腿部动作的完善。

四、铁枝木偶

从铁枝木偶的发展历史来看，这一偶戏形式是提线木偶与皮影的过渡，因此它的偶头和提线木偶一样，是头身分离，偶头附着脖子，这样可以插入偶身，只不过偶头有铁丝伸出，与提线木偶有所不同。铁枝木偶的偶头和偶身，曾经用泥头圆身、以纸为衣的形式，随着时代的发展，逐渐采用木头雕制偶身、泥土塑造偶头、铁线扎纸代表手指，代替了传统的泥草为身方式。铁枝木偶的操纵需要借助三根铁杆，支撑身体躯干的为主杆，也称为“主插”，因为这根铁枝插入偶人的背后中部，也被称为“背线”；支撑双手的为侧杆，也称作“手扦”，表演时双手灵活，动作优美。铁枝木偶由操纵者在后面，平行移动偶人，进行表演。

铁枝木偶　傅起凤供图

偶头制作工艺

中国偶像的制作工艺，拥有悠久的历史传统。比较符合人体结构的偶像早在秦汉时期就已经出现。特别是汉代以来，这种偶像更是通过精致的细部刻镂和灵巧的机械牵掣，获得了与真人一样的形象结构。例如前面提及的湖南长沙马王堆西汉墓歌舞乐俑、山东莱西县岱野村汉墓大木俑、汉景帝阳陵裸体陶俑等等，均在人形雕刻和机关活动方面显示了高超的技术水平。而在魏晋南北朝时期就已经非常成熟的水傀儡，更以其宏大的场面与细腻的人物，代表了其时偶人制作工艺的最高水平。偶戏的偶人也正是在这种技艺背景下，不断地获得成熟。

布袋木偶的老寿星造型

傅起凤供图

在北齐时期出现的偶戏主角——郭秃，是一个滑稽调笑、幽默风趣的艺术形象，但是却以“秃头”作为其鲜明的形象特征。这种划时代的偶人角色，为偶戏赋予了全新的戏剧内涵，并奠定了偶戏的表演风格，也成为后代偶戏丑行艺术的滥觞。而在唐代，偶人造型又增加了“木老人”这一艺术形象。唐代诗人所说的“鸡皮鹤发”，显示了这一时期的偶人造型在模拟真人的技术上，已经能够通过色彩渲染和毛发搭配，再现偶人的年龄、身份等特征，

福建四平傀儡戏的古老偶人

这无疑为这一角色的深入人心提供了物质基础。到了宋代，偶戏能够配合说话艺术表演历史、世情、君臣、公案、灵怪等情节，偶人的造型也必然会呈现得更加多彩多姿。在宋人的绘画作品《傀儡戏婴图》中，描绘了由孩童演出的偶戏，在绘画中可以看到四具偶人，衣帽俱全，神情各异，形同真人。这固然不能真实代表当时的偶人造型艺术，但可以看到，逼真的拟人化实际是偶戏一直试图实现的艺术理想。明清以来中国偶戏的偶人造型，同样不断地在实践着这一理想。

偶头是偶戏的偶人最重要的组成部分，不但是偶戏艺术中各种行当、各种人物形象的典型呈现，也是不同地域的偶戏展现其地域审美风尚的形象代表。从偶戏艺术的发展历程可以看出，偶戏的偶头制作工艺大体经历了四个历史阶段。

偶人的真人阶段。即通过具有真人实感的造型，来模拟具有真人效果的音容笑貌。无论是郭秃，还是木老人，抑或是宋代绘画中逼真的偶人形象，偶戏在最初的发展阶段基本上按照人形或想象中的灵怪形象，进行雕刻绘画。作为唐宋时期最具代表性的戏剧艺术，偶戏的偶人造型结合了真人的特点，也力图呈现栩栩如生的感觉。在宋代以前歌咏偶戏的诗歌及

模拟真人的湖南杖头木偶
选自《中国木偶艺术》

笔记作品中，“逼真”成为偶戏及偶人最重要的艺术标准，这与之前数百年的偶人制作工艺是紧密联系在一起的。

类型化阶段。即取法于中国民间艺术在人物造型中的最基本经验，在规范一致的偶头上，敷加色彩，展现人物性别，呈现人物个性。宋代皮影雕刻所坚持的“公忠者雕以正貌，奸邪者与之丑貌”，应该同样是土木偶人造型的基本标准。直到今天，在河北的偶人制作中，仍然保留着“眉目清秀人忠良，鼠眼猴头性奸险；风姿俊俏多慈善，面肉横生皆凶恶”的偶人造型准则。这应该是偶人制作摆脱了真人阶段，而将人物不断借助道德审美实现的类型化。在河北吴桥杖头木偶中有一个丑角造型：眼斜嘴歪，头有脓包，脸上涂抹黑灰。这不同于中国戏曲的丑行造型，却与宋代以来民间戏剧艺术中通过搽黑涂灰表现人物个性的方式是一致的。

综合行当与脸谱阶段。即按照中国戏曲行当分派的原则，在突出人物行当的个性特征时，敷加色彩，绘制脸谱。偶戏需要的土木偶人，本来就是雕刻或捏塑而成，造型容易因人的手工而变得可塑。在中国戏曲艺术的参照下，这种具有个性气质的偶人也最能够将中国戏曲最具特色的艺术特点吸纳进来。特别是净、丑行当的角色往

福建四平傀儡戏偶人的脸谱

往借助中国戏曲的脸谱造型，或者原样绘制，或者改变图案，均借助戏曲脸谱样式展现角色附着的行当特点。例如陕西合阳提线木偶中的“来报子”，以其秃头形象及风趣调笑的特点，被认为是北齐时代郭公形象在后世的遗存；但是偶人的面部却涂抹了白色的眼圈，这正是取法戏曲丑行脸谱的结果。这一偶人造型明显地受到了戏曲艺术的影响。中国各地偶戏的偶人造型基本上都有这个过程，而且偶戏在这个阶段，能够随意地按照行当要求来取用偶头，从而出现“一面多角”，即一个脸谱化的偶头广泛适用于不同题材的同类形象中。

随意刻镂阶段。即按照剧情需要和角色造型特点来雕刻偶人，使之更加符合情节表现和形象气质，避免“一面多角”带来的程序化与单一化。这种随意刻镂在传统偶戏中并非没有，例如关公、孙悟空等造型，专属于特定形象，很难置换成其他艺术形象。但是在现当代的偶戏作品中，这种现象变得日益普遍，木偶剧团的专职造型师能够在新剧目创造中，摆脱戏曲艺术的影响，使偶人呈现出不同于传统的特点。例如中国木偶剧团创作的张飞、玉莲之母等造型，即是尊重历史背景、展现人物个性的代表作品。需要提及的是，这个阶段并不是

明信片上的中国偶戏偶人
傅起凤供图

偶人“真人阶段”的重复，毕竟偶人造型的参照体系已经发生了变化，偶人在真人阶段重在模仿，而偶人在随意刻镂阶段却重在超越中国戏曲的影响痕迹。

偶戏的传统偶头大致采用木头和泥土来制作。例如大多数偶戏品种都是木刻偶头，配置穿戴。特别是在广东、山西等地的杖头木偶、合阳提线木偶，还将眼睛、嘴巴等部位处理成可以活动的装置，增加了偶人的灵动；而类似广东潮汕地区和福建诏安等地的铁枝木偶，则采用模型来制作泥塑偶头。随着时代的发展，现当代偶戏的偶人也采用石膏翻模、纸壳脱胎的方式，制作轻巧结实的偶人造型，并用拉线、拔棍等手段，使眼、眉、口、舌、耳均能够活动，增强了艺术表现力。

偶戏的偶头制作，作为一门展现雕刻艺人技艺的偶像艺术，深深地附带着地域审美特征。下面仅从南北方的几个代表性偶戏品种进行说明。

一、泉州偶头

泉州偶头，根据形象造型的不同，按照“生”、“旦”、“北”、“杂”四大行当进行雕刻，在清代就涌现出“西来意”和“周冕号”两家偶头雕刻作坊。传统的泉州偶头一般用黑、白、红三种颜色来敷彩。在近代江加走先生的创造下，泉州偶头吸收了京剧脸谱的构图方式，并结合闽南民间神偶的脸谱形式，融会变化，而逐渐增衍出颜色艳丽、构图复杂的花面脸谱，用以表现神怪、军士等各种艺术形象。泉州偶头按照提线木偶和布袋木偶两种偶戏品种的特点，分成长约10厘米的提线木偶头，和长约3

闽南木偶雕刻　曹娟供图

厘米的布袋木偶头两类（解放后尺寸均有所增加），尤以布袋木偶的偶头造型最丰富。

泉州偶头的制作工艺，遵循着数百年来形成的经验和规范。例如掌中木偶的塑造口诀“五形三骨情之最，雕刻紧抓莫放松，脸有千样各有形，眼鼻口耳变无穷”，即把人的面部最重要的生理结构与情感个性联系起来，强调塑造偶头时既要坚持骨骼、五官的生理特性，也要在这固定的结构中呈现千变万化的神态、情绪，塑造出真实而动人的造型。而且这些偶头的塑造，要经过十多道工序，才能最终创制出栩栩如生的偶像。这些工序一般分制作白坯、打磨修光、水粉彩绘三个过程。制作白坯，即在偶头大小的樟木坯上，开两颊，定五形，精雕细刻，基本上呈现偶人的五官特征；打磨修光，即在白坯上裱糊棉纸，偶头经过上泥后，用刀具打磨、补隙、修光；水粉彩绘，即在偶头上上粉开脸，彩绘脸谱，并用石蜡擦光，基本上

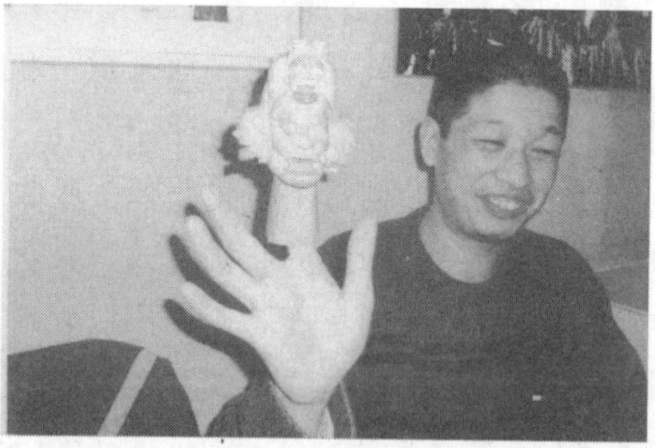
布袋木偶偶头及雕刻雏形　傅起凤供图

结束偶头的制作。在呈现不同面目、形象的时候，还需要用植入真发或雕刻发髻等方式，为偶人植入必需的毛发，以显示人物个性、身份、年龄、外貌等特征。

在泉州偶头的制作名家中，近代江加走、徐年松的工艺最为人推重，分别代表了泉州南派木偶、漳州北派木偶的最高水平。江加走（1871—1954）制作的偶头，形象多变，仅女角就能够分衍出三十多种各种年龄、各种情态、各种阶层、各种形貌的女性人物，在江加走的手中都能够呈现出特有的气质和个性。特别是他推陈出新的花面偶头，丰富了传统泉州偶头的色彩和脸谱，无论是英武慓悍的净角，还是奇异神幻的神怪，呈现出千变万化的姿态和气质。徐年松幼承家学，继承并发展了传统的雕刻技艺。他雕刻的偶头，注重面部肌理的夸张和变化，通过表情呈现行当特点及人物性格。特别是他浓墨重彩的绘画工艺，和金、银等画粉的点染技巧，补充完善了偶头雕刻的单调和不足，雕刻与绘画、色彩相得益彰。在他雕刻的神怪形象中，完美地呈现了夸张怪异的表情和绚烂的神态，具有极高的审美意境。

二、北方偶头

总而言之，北方地区偶戏的偶头制作比较质朴、粗犷，色彩简练但不乏浓烈，很能体现北方人的气质和个性。以陕西、甘肃等西北地区为代表的偶戏，在长期演出活动中，逐渐形成了一面多角的“共脸”。即在基本的偶戏剧目中，偶头可以互相借用，展现多样的角色。除了包公、孙悟空、关公等专用偶头外，一般的偶头基本上按照生、旦、净、丑的行当特点进行雕塑，而且

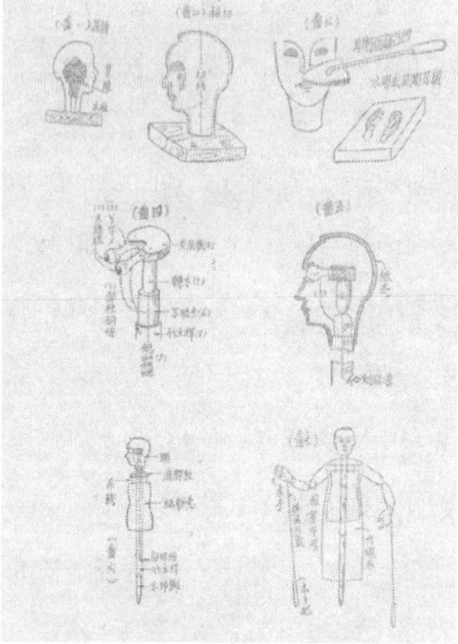

山西木偶制作图

山西杖头木偶造型
选自《中国木偶艺术》

男、女气质鲜明，这样更便于偶头应付不同剧目的不同角色。西北地区的偶头，特别是净角，吸收了西北社火、秦腔脸谱等多种人物绘画特点，熔炼出既与民间脸谱相似，又颇具艺术个性的偶戏脸谱。例如陕西合阳提线木偶的生、旦，与当地面塑颇为相近，白色粉底的脸庞上，用桃粉色渲染面目，眉毛按照线条的粗、直、细、弯等描绘技法，表现性别、性格等特征；而净角则基本用红、白、黑三色及脸谱勾画，清晰地展现面部凸凹特点，并用不同的螺旋纹增加线条和色彩的变化，在英武豪壮的气质中赋予灵动的象征意味。这种偶头和脸谱无论远观、近看，都能够很清晰地呈现人的形态面目。

而河北晋县等地的偶头，则在雕刻中比较注重人物面部的夸张。特别是净、丑行当的偶头在雕刻时，就在眼、鼻、嘴、脸等部位突出其骨骼和肌肉的质感。

而在脸谱绘制中，一般采用色彩对比强烈的红、白、黑、绿等大色块，凸显面部轮廓，张扬人物个性。而吴桥一带的偶头，则用不拘一格的形态和粗笔描绘的手法，呈现出稚拙、朴素的风格。

三、其他地区的偶头

福建诏安铁枝木偶艺人操纵木偶
选自《福建傀儡戏史论》

广东潮州的铁枝木偶，一般用捆绑稻草的方式制作偶身，而用泥塑来表现偶头。潮州浮洋区大吴乡的泥塑工艺在闽粤之间铁枝木偶的流布区，拥有悠久的历史，并以融潮汕泥塑、剪纸、刺绣等工艺于一炉的偶人制作工艺，享誉海内外。潮州铁枝木偶的偶头，大多为精细、秀美的人物形象，面目色彩较为单一，但极尽眉目的传神；特别是在穿着上华美繁冗的衣帽服饰之后，整个偶人五彩斑斓，潇洒自然，气宇轩昂。

四川川北木偶按照偶人的大、中、小，而有大木偶、中木偶、精木偶三种形制。但是偶人的制作却精致细腻，吸收了川剧脸谱、头饰特色的川北木偶，在视觉效果上酷似真人。特别是雕刻家杨岱雕刻的偶头，比例适中，形象端正，在生、旦、净、丑各行当艺术特征的基础上，强化了人物角色的个性特点。因此，偶人的形象也就综合了行当艺术与人像雕刻的优点，人性与偶性

四川成都木偶中的精木偶
选自《中国木偶艺术》

兼具。杨岱制作的偶头，面部各部位可以活动，特别是“梭子眼”可以左右顾视，“瞳子眼”能在瞬息之间眨动，活灵活现，逼真灵动。

山西的传统偶头制作，一般选用黏土塑造头像，在木板上插一根缠着草绳的直木条，外面用泥塑成人头形状，待干燥之后，用草纸、麻纸相间，层层裱糊，熨好面部凹凸面，将眼睛部位刻去，装配内部眼睛，装上泥、木雕塑的耳模，粉妆上彩，形成可供演出的偶头。

随着时代的发展，偶头制作也不断突破传统泥、木雕塑的技法，采用泥胎、石膏翻造偶头的方式，制作的偶头轻便结实，富有实感，特别是在儿童剧中拥有广泛的应用。

舞台装置

偶戏的传统舞台经历了由简至繁、由小变大、由戏棚至剧场的发展历程。唐代诗歌记录下来的木老人的表演，大概是由单人操纵木偶进行表演的，因为至今还没有看到在这些诗文中关于偶戏舞台装置的描述。而在宋代文献对于水傀儡的演出记载中，则提到了“傀儡棚”，大致是水傀儡演出时，要在一艘小船上上面搭一个小彩楼，下面设三个小门。这种形制像傀儡棚一样，面水而建。这种类如三个门的装置，大概类似戏曲舞台上“出将”、“入相”及正中屏风吧。傀儡棚作为偶戏所必有，在宋代诗人的诗歌中有很多反映。在宋人《傀儡婴戏图》中，细腻地描绘了由侧方的椅子和八根竹竿共同搭建的偶戏舞台，虽然未必是如实描绘，但也反映了宋代傀儡棚的大体面貌。

明代李攀龙在《八声甘州·咏傀儡》一词中，提到了“恰彩绳高挂，锦棚斜设，剧戏当场”。看来在戏棚中演出偶戏，在宋明以来就已经成为常态。当然，不同规格、不同场所的演出也不尽相同。如明代《重订赵氏孤儿记》附录的傀儡戏演出版画中，就是由一人在主人酒桌前，临时提演，不需要戏棚；而在《三才图会》中附录的偶戏演出版画中，则有专门制作的高棚用于偶戏的演出，德国科隆博物馆收藏的明代《西厢记》版画也展现了这种特殊的偶戏舞台。随着偶戏表演能力的不断加强、戏剧人物的不断增多，偶人由一人操纵逐渐发展成多人操纵，其戏棚也就有了单人棚、二人棚、三人棚等多种形制；甚至不少地方偶戏，如海南偶戏，有了七人棚、十一人棚的形制。这些戏棚大多临时搭建，随时搭，也可以随时拆，简便实用，便于行动。在清代泉州元妙观中，还专门制作了可以搬动保存的傀儡棚、正音戏台和梨园小棚。这种戏台至今在民间偶戏演出中可以见到。山西清代戏台中，也保留了偶戏戏台建筑。因为山

明代戏曲《赵氏孤儿》版画

山西孝义木偶皮影两用戏台
选自《中国木偶艺术》

西偶戏班大多能够偶戏、皮影同时演出，形成了白天木偶、晚上皮影的演出体制，因此在孝义县保存的偶戏台，就成为非常少见的皮影、木偶共享戏台。而在当代，偶戏作为一门独立的戏剧艺术获得了长足的发展，其演出场所也打破了随地作场、临时搭棚的传统，拥有了独立的剧场；或者用改装好的偶戏表演设备，直接放在剧场中进行表演。诸多的舞台装置是偶戏艺术不断创新、发展的结果，也因各地偶戏的发展并不一致而至今在各地有不同的使用。

一、提线木偶的戏台

现在能够见到的古代绘画图像中的偶戏戏棚（台），大多为提线木偶戏台。宋元以来各种戏棚装置为这一偶戏艺术的繁荣发展，提供了展示技艺的空间，也使提线木偶戏摆脱了随意提演的简单表演模式，逐渐地趋向规范演出。正因如此，提线木偶的戏台至今在民间拥有多种结构方式。

民间偶戏棚的搭建，大多采用竹木竿搭架、围以布幔的方式，简便而易于拆装。例如陕西合阳提线木偶的偶戏台，早期仅用木柱支撑起来，挂上布帐，形成表演区，演员操纵木偶从左右上下场，进行表演。后来随着提线的增长，在布帐后面放置长板木台，演员站在木台高线操纵木偶，进行表演。而在南方，则取用竹竿搭建戏棚，按照竹竿的多少，各地偶戏的戏棚也就有了多样的戏台特点。由于福建木偶戏的形态众多，不同的偶戏品种附带着偶戏在不同历史阶段形成的特色。下面对现存于福建偶戏的戏棚，进行简单介绍。

十根竹。泉州提线木偶的戏棚称为“八卦棚”，有所谓“十条竹竿三领被”的说法。即用十根竹竿搭成戏棚，用三条毡被围住。实际上十根竹主要用来搭建可以悬挂偶人的戏棚上部，即用八根竹先搭成由内竿和外竿组成的四方形框架，然后用两根竹十字交叉缠结在外框的对角，稳定八卦棚。如果考虑最终要用木柱等撑起八卦棚，则泉州提线木偶戏台所用的撑杆数要多于十根。

十八根竹。这种戏棚结构较为普遍。例如闽北地区的大腔傀儡戏，采用四方、六柱的戏台结构，外加悬挂木偶的短竹和悬挂大锣的横竹，总共十八根。而闽东的四平傀儡戏、闽西高腔偶戏均由十八根竹搭建而成，有寓意“十八罗汉”的说法。

二十四根竹。闽西偶戏的戏棚竹架，搭建戏台的柱子各有不同的名称。如有天门竹、前圈竹、后圈竹、中间竹、后梁竹、铜钟竹、过江竹、小横竹、火竹、后栋竹等，总计二十四根，因此有“二十四诸天”的说法。

在由这些竹竿搭好的棚架上，通常会用布幔遮挡出表演空间。闽北地区的偶戏要用布将棚前及左右围住，既便于提线艺人及后台的活动，也遮挡住了提线人的上半身。而在众多地区的偶戏戏棚上，主要有悬挂在棚上的帐幔和放在台上的台屏。挂在戏棚上面的帐幔，闽东偶戏称为“台帐”，闽中词明偶戏称为“上

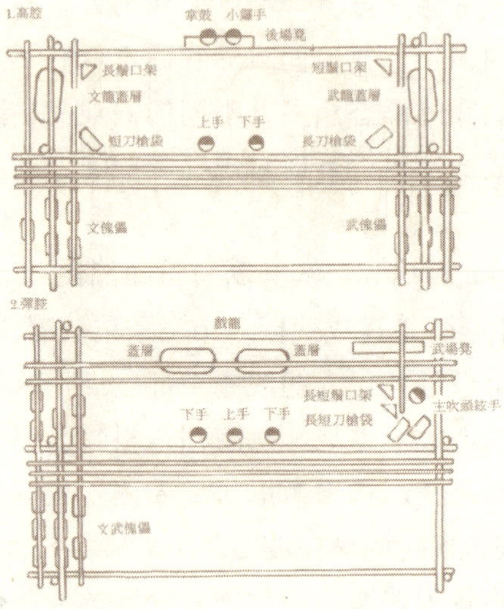

福建闽西高腔、弹腔偶戏后台
引自刘远《闽西木偶戏的傀儡技术》

屏南提线木偶的台帐及中间子

棚裙”，闽西偶戏称为“横帔”，闽南偶戏称为“大眉”，实际均具有遮挡演员的功能，并能增加舞台美观。因为位置醒目，旧日帐幔上一般会绣上偶戏班的名号。放在台上的台屏，词明偶戏称为“下棚裙”，闽西偶戏称为“中间子”，闽南偶戏称为“彩屏”或“纸屏仔”，主要用来隔离出偶人的活动空间，也便于遮挡提线人的下半身。台屏一般是将绣有戏班名号或者人物花鸟的绣品，用木条或者木架撑起，共同组成一块类似屏风的幕景。此外，个别偶戏班也会因为演出体制的具体特点，对偶戏台有所增饰，并形成传统。例如闽西偶戏会在台屏左右，挂两条帷幕，用以遮挡后场，同时在上面书写对联以增其美观；闽南偶戏则在帐幔的内层，再增加一幅小型的帐幔，称之为“小人眉”，用来遮挡悬挂在后面的剧本和演员演唱时的情景，这显然是更为讲究的一种增饰了。

屏南四平傀儡戏的乐器

此外，当代的泉州提线木偶还创造出了一字平面台、阶式平面台、天桥立体台等形制，展示了内容丰富、角色众多的舞台风貌。在泉州提线木偶戏《钦差大臣》中，这种便于演员隐藏和活动的舞台，拓展了偶人的表演空间，增强了偶人的灵动性，使观众在不需感知操纵者的情况下，不知不觉中认同了偶人与观众的互动。

福建泉州木偶《钦差大臣》的舞台操纵　祖京强提供

二、布袋木偶的戏台

一人台式。也称为“千担戏”舞台。李斗《扬州画舫录》在描述扬州布袋木偶戏时，说这种艺术形式用一根木头支撑，将布围起来，人在其中进行表演。清代北

河北吴桥扁担戏道具
选自《中国木偶艺术》

方演出时，更多的是用人的肩膀将木雕小戏台撑起来，用布围住人身，在里面演出。这种简单的表演形态，即一人表演的幔帐戏。从现存图像《被单戏图》来看，这种表演为了便于观众观看，演员会站在板凳上，用千担插入板凳中央的圆孔，以此撑起舞台，同时增加后排观众仰视的便利。河北吴桥的扁担戏台，实际上是由类似北方殿堂与乐亭相连的木架建筑结构，将舞台分成前后连部分，前部分为偶人表演区，后部分正好便于演员承负戏台和操纵乐器。这种戏台结构，至今在福建幔帐偶戏中得到保留。

台湾小西园掌中剧团的戏台
选自《中国民间美术全集》

多人台式。因表演者人数较多，因此，舞台多搭成四尺多宽、七尺多高、三尺深的空间，外形与杖头木偶相似；表演者在围好的空间内，将偶人举起来进行表演。这也是较为简便的形式。

牌楼式戏棚。这种戏

台是扁担戏台、多人台在不断扩大和固定后逐渐形成的形制。特别是在闽南地区，因为结合了闽南雕刻、彩饰等艺术，这种戏棚以华丽的贴彩和精致的雕工，在闽台地区手工艺品中独树一帜。牌楼式戏棚的上部顶棚，基本上呈现出传统亭阁建筑的特征，但是按照做工及固定形式的不同，又有简易与复杂的区别。简易的牌楼戏棚，即通过竹木杆搭成简易的台架，将顶棚支起来，用篷布遮围住；复杂的牌楼戏棚，则用较为考究的竹木制作成底座，将顶棚安置于上。

布袋木偶戏的戏棚，不论其形制繁简，装饰精粗，都是通过站立或者坐着的演员，将木偶捧在胸前或举在上面表演，因此均要有遮挡表演者的装置。这个装置在一人台式戏棚中，是通过拥有前后两个木架的结构得以实现的；而在牌楼式戏棚中，则需要借助悬挂在棚顶上的屏风，进行遮挡，闽南地区称之为交关屏或加官屏。此外，还需要有放置演员上臂并使木偶具有如履平地效果的遮挡板，也被称为走马板，以保证在表演空间中具有较为完美的水平线。

布袋木偶戏的戏棚，同样随着时代有所改进。由于演员的增多、演出空间的增大，布袋木偶戏也从演员坐着操纵木偶，改成演员站立托举木偶表演。交关屏由此被废除，而变成了能够更加渲染场面的布景；而走马板增高，几乎与演员等身同高，演员在布景与走马板之间操作，使演出效果变得更加灵活。

三、杖头木偶、铁枝木偶、人偶的戏台

从宋代铜镜图像展现的杖头木偶表演来看，杖头木偶的戏台

佚名绘《蕉石婴戏图》局部
展现的杖头木偶

杖头木偶的舞台幕布及木偶
傅起凤供图

仅用两根竹竿将布围拉起，即可将演员与观众隔离开来，演员在布围后面托举杖头木偶即可进行表演。或许正源于这种非常便利的舞台形式和便于操纵的杖头木偶，杖头木偶戏也成为在民间广为流传的一类偶戏形式。

杖头木偶的舞台，需要分隔出表演者活动的区域和偶人表演的区域。前者要用幕布遮蔽，后者也就要在一人高的演员活动区之上搭建，通常会搭成阁楼式的舞台装置，并用篷布遮住顶部，以此形成舞台表演空间。随着时代的发展，杖头木偶的舞台也不断扩大，因此传统的台架就变得越来越局限，除了一人高的演员活动区保留外，通常会张挂

当代福建民间的杖头木偶舞台

不同的幕布，分隔出不同的表演区域进行表演。随着杖头木偶戏班规模的增大，民间演出杖头木偶也会使用形制较小的人戏舞台。

湖南杖头木偶的传统舞台比较讲究，通常用三十六根竹、木质地的棍搭成八尺宽、九尺高、七尺深的台架。这些竹木棍因为在舞台结构中的位置不同，而有不同的名称。如有四大金刚棍、花瑙棍、扯台棍、间台棍、撑棍、梁棍等，总称“三十六天罡”。这些棍棒均有楔子、榫头，非常便于临时装卸。台架搭好后，即可悬挂幕布、帐帷等，进行演出。而在更多的地区，杖头木偶的舞台比较简单。例如高州木偶戏，大多为单人表演的杖头木偶。其戏台布置也十分简单，只要就近用两根扁担竖插在戏箱前固定，下面用布围起，形成舞台的基座；上部用布帐围起来，隔开侧幕，分出前后台，就可以在表演区内进行杖头木偶的表演了。这种简略的舞台虽然随着表演人员的增加，规模不断增大，但是舞台搭建方式却大同小异，一直相沿。

铁枝木偶与皮影戏有着密切的联系，因此，传统的铁枝木偶舞台也与皮影舞台类似，适合于表演者席地而坐，操纵木偶演出。后来，随着铁枝木偶的不断改进，艺人们也有站着表演的，其舞台也相应增高。铁枝木偶的舞台，约为一丈见方，距离地面一米多，舞台上方为太平框，用来书

川北大木偶　张乃峰提供

写戏班班名，两旁摆放屏风，由此呈现出舞台空间；在台中悬挂竹帘或绣幕，用以遮挡演员与帘前的表演区。

海南人偶戏需要操纵者上台，因此，人偶的舞台也就与人戏舞台基本一致。

第六章

偶戏的艺术审美

生死之辨

中国偶戏的最初形成，与出现在丧葬礼仪中的偶俑，有着密切的关系。汉代以前的“丧家乐”一直就是偶戏重要的艺术源泉。或者说，无论是属于丧家乐的偶戏，还是代替真人生命的偶俑，生死观念始终是偶戏艺术不能缺少的思想内涵。因此，千百年来的中国人，对于偶戏及其偶俑，始终都在着力从他们鲜活的动态中，寻找超越于有限生命之外的人生真谛；从他们类同真人的表演中，寻找蕴涵于倏忽变幻中的永恒真知。正如一些学者指出的，戏曲艺术中的演员呆立在舞台上，并不会被认为是没有生命的存在，而偶戏中的偶人如果在台上不能够灵活表演，却毫无疑问地被认作是无生命的。这种观念至今在偶戏舞台上被看做是禁忌，无生命的偶人需要不停地运动，来作为它延续生命的最基本要求。偶戏艺术的最高成就就在于：在舞台空像中寻求生命的凝固与永恒。

早在唐代，中国偶戏就塑造出了木头老人这一角色。唐代诗人梁锽在他的《咏木老人诗》中说：

刻木牵丝作老翁，鸡皮鹤发与真同，
须臾弄罢寂无事，却似人生一梦中。

在这首以人生为主题的诗歌中，老翁形象与真人无异，在舞台上活灵活现的状态，也正应合着大千世界中的人情物态。诗人作为一个偶戏的观赏者，理性地发现了灵动的偶人被幕后操纵的真相，那些牵丝、木质都成为偶人无力感知世界的本质，而喧哗躁动的戏剧一旦结束，偶人也自然结束了悲欢离合、喜怒哀乐，繁华与衰颓都从属于偶人无力控制的外部力量。诗人对偶戏的描摹，自然地将现实人生引向了如梦如幻的思考中，也自然地将人生无常的哀叹深深赋予其间。偶人对人力的完全依赖，较之人生在宇宙中的渺小，成了完全对等、但又可以彼此比兴的媒介。

泉州提线木偶《目连救母》

诗歌对于偶戏的感慨，正是偶戏在传统社会中被汉唐以来的佛教观念深深影响的结果。大量的佛教经典记录了佛教僧侣借助偶人宣传佛理的历史，而尊崇佛教空幻观念的古代文人，也最能从偶戏的表演中获得人生苦短的感发。特别是偶戏作为宋代以前最重要的戏剧艺术，载歌载舞，调笑滑稽，也最能让文人在艺术娱乐中不断地从修身、齐家、治国、平天下的人生定格中，用偶戏所蕴含的出世情怀，抚平现实人生中的种种伤痛。因此，宋代以后的偶戏，比之于逐渐趋于兴盛的杂剧、传奇等戏曲艺术，虽然失去了在剧坛的主导地位，却意外地因为汉代以来佛教所敷加上的思想内涵，而获得了更多文人的垂青。明代文人曹学佺在《石仓历代诗选》就载录了王阳明的一首《观傀儡》：

处处相逢是戏场，何须傀儡夜登堂，繁华过眼三更促，名利牵人一线长。

稺子故应争诧说，矮人空复自悲伤，本来面目还谁识，且向樽前学楚狂[①]。

这种将社会人生完全等同于偶戏戏场的比喻，让人确实能够看透名利牵人的生命本质，也最能从偶人的喜怒哀乐中，透视出人生的本来面目。因此，樽中酒和眼前戏，在文人感受诸多繁华，以及过后的悲凉感伤的时候，成了舒缓郁郁情绪的一剂良药。在传统社会中，恐怕只有偶戏最有资格承负这种将人生与戏剧艺术建立联系的比附。无论是刻木牵丝的提线木偶，还是掌中弄巧的布袋木偶，抑或是膀托身举的杖头木偶、人偶戏，都力图在有生命的人与无生命的偶之间，将外在的力

山西晋东南赛社花祭中的
偶人与戏剧场面

① （明）曹学佺编：《石仓历代诗选》卷455，《景印文渊阁四库全书》第1393册，204页，台湾商务印书馆，1986。

量与内在的机械结合起来，共同构建亦真亦幻的戏剧人生。

而在广大的民间社会，关于生死之间的理性思索，却体现在民众的民俗信仰中。偶戏艺术中的独特剧目，如《目连戏》、《乳娘传》、《香山》、《愿》、《北斗戏》等，不但戏剧场面充满宗教气氛，而且偶人被赋予了严肃的宗教禁忌和神秘色彩；偶戏艺术的独特表演，如出煞、还愿、超度等，既附带着宗教仪式的意蕴，也包含着禳灾避难的心愿。可以说，这些存活在民俗活动中的偶戏艺术，真正地将民众热爱生命、规避死亡、招福纳祥、祛邪除恶的文化心理，展现得淋漓尽致。

在偶戏常规性的演出中，民众也总免不了将偶戏与宗教仪式、民俗庆典等结合起来，使偶戏成为民俗中的一个组成部分，为偶戏表演附加上特定民俗内涵，使单纯的偶戏成为表达特定功能主旨的艺术活动。例如，在北方山西的婚俗、寿诞活动中，往往会邀请偶戏班社助兴，自然也会演出山西地方戏剧中常见的《打金枝》、《货郎翻箱》等节目。这些节目家喻户晓，热闹的场面，耳熟能详的唱腔，很能契合此时的庆典活动。因此，民俗活动的性质决定了对偶戏剧目的选择，被选择的偶戏剧目也能够张扬特定的民俗气氛。而在南方，如福建莆仙地区的普度活动中，因为民俗活动主要用来安抚传统意义上的孤魂野鬼，因此提线木偶也很自然地

演员与木偶

演出《目连救母》等戏剧作品，并且通过戏剧情境中的超度场面，让乡村的民众参与进来，借助戏剧偶像的力量完成对地方社区的净化。这就明显地为偶戏增加了宗教的内涵，当然也是戏剧不再是单纯的艺术形式，而成为扶整生命、救度生灵的重要媒介。

因此，在具有悠久传统的民间社会中，偶戏不是作为理性的哲学思想让人反省，而是具体的实践，贯穿在从生至死的生命体验中。人们搬演偶戏，不单是出于艺术的欣赏，更多地则是让偶戏给予生命的期望。也正是如此，传统偶戏在中国基层社会，不是适用于孩童的幼稚艺术，而是表现给成人的礼仪形态。这种贯穿于生死的戏剧观念，正成为传统偶戏独具特征的文化底蕴，显示出与传统的戏曲、说唱迥然不同的风格，当然也成为偶戏艺术审美中的核心内容。

形神之辨

早在成熟的戏曲艺术产生之前，偶戏就凭借以歌舞演故事的重要方式，广泛生存在人们的艺术生活。虽然在偶戏艺术从汉代到唐代的历史中，可以看到中国偶人制作工艺的高超，也可以看到偶戏在剧目、表演、思想等方面达到的艺术高度。但是，偶戏毕竟是一种依靠人力支配、借助偶人表演的艺术，偶人作为人的身体延伸，较之人的肢体缺少自如的灵活性；而人作为偶人的操纵者，虽然辅之以扦杆、绳索等手段，也仍然无法实现偶人的栩栩如生。因此，偶戏艺术的审美，便不再仅仅以偶人的逼真模仿作为终极目标，也不再仅仅以操纵者的操控技艺作为艺术核心，

从后台看到的演员在操纵木偶

而是以人在实现偶人的逼真效果时，突破操控极限，达到出神入化的艺术境界作为最高规范。在唐代文人林滋撰写的《木人赋》中，作者高度赞扬了偶戏“贯彼五行，超诸百戏”的艺术境界。显然，“贯彼五行”指的正是超越偶人躯体所赋予的人的精神，而“超诸百戏”指的则是借助人力实现的偶人表演。偶戏艺术最高成就也在于：人与偶相互配合而生成的形神一体。

在中国传统社会中，常常用“偃师”、“陈平造傀儡”来代表偶戏艺术的水准。偃师、陈平的偶戏能够引发人喜怒哀乐的情感，乃至完美的偶人实现人力难及的效果，却让人浑然不觉，这正是来自于巧夺天工的偶人制作技术和人力操作。可以说，偶戏中的偶人只是构成表演的形体部分，而偶戏的操纵者却成为偶戏表演的灵魂，偶人的生命完全来自于操纵者对偶人的理解，并将这种理解用独特的操控技术，借助偶人的形体运动完美地展现出来。没有了人——这一活的灵魂，偶戏也就缺少了生动的命脉；当然，借助偶——这一定型的躯体，偶戏也就为人提供了极限突破的可能。

从现存各地的偶戏来看，无论雕塑技术多么完美，偶人仍旧不能实现对人的真实仿真。但是中国偶戏大多借鉴戏曲艺术的经验，采用定型化的脸谱，作为偶人形象呈现的方式；同时借助对人体运动规律的把握，来展现偶人站立行走等体态。因此，这必然带来偶戏审美的写意风格，偶戏对于神韵的要求也变得更加强烈。

例如山西杖头木偶是通过命杆和两根手竿支撑偶人的。较为原始的造型，即将手竿内置、外罩偶人冠帽，这种偶人主要呈现出头部和两手的动作，其动作显得比较粗朴、简单。在 20 世纪 50 年代经过改良之后，不但将偶人的面部造型塑造的符合人物个性，而且将内置的手竿改造成外置的“外扦”，用纸质身形作为内核，外罩衣帽，凸现出偶人的身形体态；并且增加内簧，使偶人的眼睛可以上下活动、左顾右盼。类似的改良也出现在提线木偶、布袋木偶中。例如提线木偶在传统的七根（小提线木偶）、十六根（大提线木偶）基础上，不断增加提线的数量，多达三十根以上。这些提线最初仅连缀在头、手、足等主要关节部位，后来不断在骨干的其他部位增加提线，使偶人的肢体更具有人体韵律。而布袋木偶的表演虽然依靠人的手指，但随着技术改进，在偶人内部也增加了内签，增加了偶人的手臂动作。

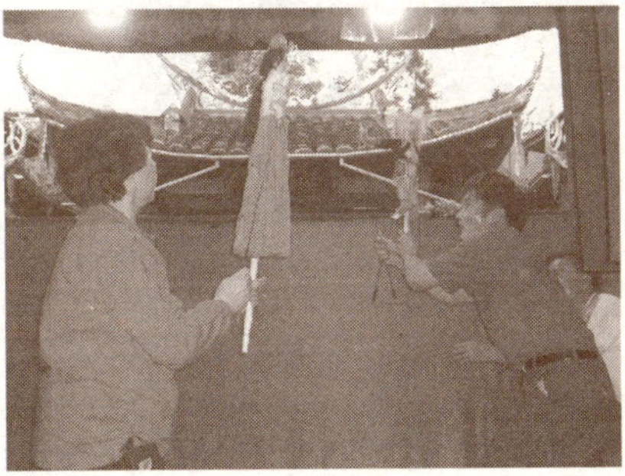

杖头木偶戏表演

这些技术的改进，不但推进了偶人的真实性，而且也增强了偶人对于动作的表现力，使偶人在土木形骸中更具有人的灵动。因此，偶戏的逼真效果，以及偶人在动作上的写实特点，恰恰因为自身的偶俑本质，而不断增强了偶戏写意风格。偶人越逼真，

泉州提线木偶《钟馗醉酒》的
钟馗和操纵者

偶戏也写意，这种辩证的艺术效果正来源于偶人被外力操纵的艺术特征。显然，在中国偶戏的各种形态中，除了人偶戏之外，其他偶戏品种基本上都将人隐藏于戏剧场面之外。例如，提线木偶的操纵者往往用台屏将人与偶隔离开来，或者穿着黑色的衣裤，尽量凸显偶人的形象。而杖头木偶和布袋木偶的操纵者则用帐幔遮蔽，将偶人举到高过头顶进行表演；甚至一线木偶（扇子戏）也要借助扇子这个道具，将人与偶分离开来。而人偶戏虽然让操纵者登上舞台，但是仍然要保持操纵者在服装、扮相、舞步等方面与偶人的一致性。这些方式正是将偶人作为主要的舞台形象，力图通过操纵者赋予的精神，让观众尽量地融入偶人的世界中。隐藏于幕后的人，给予偶人的神采，更加逼真地彰显出偶人模仿真人的造化之功。

偶戏的形神之辨，推进了偶戏艺术在人的操纵技术与偶的制作技艺的同时提高，也形成了偶戏特有的艺术表现手法。

例如，人的双手在面对不同的偶戏品种时，其艺术技法存在很大差别。在提线木偶的表现过程中，要通过提线板将具有一定重量的偶人提起，并表现各种动作，因此人的双手不但要平衡用力，以保证偶人能够如履平地，在稳定的空间进行活动，而且还

泉州提线木偶《钟馗醉酒》的表演特技——提壶嘬酒 傅起凤供图

泉州提线木偶《钟馗醉酒》的表演特技——抱坛饮酒 傅起凤供图

要借助手指的用力将偶人的肢体动作起来，因此控线技术的熟练把握便成为提线木偶能否灵活自如的关键。提线木偶最基本的勾线、理线、夹线、寄线四种基本方法，经过长期的演出实践，逐渐衍生出双手的提、搓、捻、勾、抖、掂、点、摆、拨、扣、转、拧等众多技法，能够塑造各具特色的人物性格。例如拨线可以展现摇头、转身的动作，提线可以表现点头、弯腰等动作。泉州提线木偶向以提线众多著称，在特殊角色的身体部位会有特殊的提线。例如丑角有肚脐线、笑生有屁股线、三花僧有肩头线，舞扇的时候有扇线，拄拐的时候有拐杖线，等等。这些提线的增加，抓住了不同的行当角色在艺术表现的时候所具有的形体特征，因此，控线技术也就变得复杂细腻，艺术表现力也更趋丰富多样。

泉州提线木偶《钟馗醉酒》的表演特技——耍剑 傅起凤供图

而布袋木偶则主要通过演

员的手指、手腕和手掌的合力，塑造人物。一般而言，演员的食指控制偶人的头部，大拇指和中指、无名指等分别负责偶人的两手，手掌撑起偶身。这种技术构成要求演员的手指拥有不同于提线木偶的技巧。例如食指控制头部，为了保持偶人在视觉效果上的身体垂直，需要食指保持正直、稳定、灵活，同时控制偶人肩、手的手指能够相对平衡。实际上，人的手指一般都是中指长于大拇指，而指头往往不能单独保持不动的状态。但是在布袋木偶戏中，演员要通过艰苦的训练，让食指能够不随其他指头的运动而保持静止；而且大拇指与中指要通过长期的训练，使之变形。唯其如此，他们控制的偶人才能出现头和肩部成直角的真实效果。至于手掌的张开、收缩、紧张、松弛等不同处理，便能够带来偶人不同的身形体态、性格特征。

显然，偶戏艺术的美感来自于人与偶的共同创造，偶戏的形与神正体现在最写意的人的操纵技术，为最写实的偶人身体增加来自人性和偶性的理解。人们欣赏偶戏，关注的是小小的舞台上那些偶人的举止作态，并因深入剧情而乐而忘返。但是，如果透过偶人的操作和表演，恰恰能够看到这种独特的艺术形式在形与神的分分合合中的技艺妙趣，并因此更能体会物我两忘的偶戏境界。

小大之辨

呈现在舞台上的偶戏世界，是由形体大体一致的偶人组成的人或物的世界。作为社会的仿真再现，偶人世界也同样拥有七情六欲、家国人生，并由此而不断地折射出人伦社会的理性和思索。在传统社会中的偶戏，大多与戏曲艺术成为异质同构的姊妹艺术；趋同的声腔、趋同的剧目、趋同的表演，甚至在民众礼俗活动中趋同的演剧方式，都一再地让人们忘记了偶戏与人戏在表演规模上的差别。而且偶戏因其人员简单、行动方便等原因，能够以最经济的方式进入民众的生活，反而在更大范围的地域被接受。例如在福建莆仙地区的戏剧演出中，偶戏对于社区的戏剧欣赏更具有稳定性，凡是有人戏的地方一定会有偶戏的演出，而便利的偶戏演出在没有人戏的时候，也可以独立承担起群众娱乐的责任。偶戏的最高成就也在于：在大与小辩证关系中获得了最大可能的艺术突破。

偶戏艺术的小大之辨，主要体现在：

一、小偶与大人的结合

偶与人的关系，是偶戏艺术生而具有的特点。小偶与大人的相互配合，成为各种形态的偶戏最基本的艺术风貌。这种关系不仅为偶戏提供了戏剧表演的可能，而且也拓展了偶与人表演的诸多不足，使其相得益彰，共同彰显出丰富多样的戏剧审美意蕴。

小偶与大人　曹娟供图

在传统的偶戏表演中，针对偶人表演最终要实现的艺术效果，偶戏的各种形态都对操纵者进行了形体举止的规范。这不但表现在前面所述对于手指等生理部位的变形训练，而且体现在如何通过人体延展偶人的表演上。例如湖南杖头木偶在长期的演出活动中，总结了所谓的《十忌歌》[①]。其中就有：

……

二忌时高时低，行如飘云。（木偶本无脚，步伐要准确；托偶手要平，无脚胜有脚。）

……

四忌转弯抹角，人为圆心。（木偶打转身，人莫为圆心；若人原地转，木偶像发疯。）

五忌谁说谁唱，交代不清。（木偶谁说唱，动作须配上；切莫满台动，观众难查账。）

……

七忌人手出现，全盘非真。（木偶表演好，演员须藏身；倘若露出手，吓翻一台人。）

……

这些规范立足在偶人自身的缺陷而对表演者给予形体要求，托偶时的水平移动，说唱时的动作紧密配合，表演时的凸显偶人形象，都是为了能让偶人扬长避短，借助表演者的操纵之力获得最完美的艺术效果。而在山西杖头木偶的表演经验中，不但要遵循与上述相类似的规范，而且明确地提出演员与偶人在行动中的一致性。这正如20世纪50年代的杖头木偶艺人王绍禹总结的：想叫木偶怎么样的动，自己先得怎么样的动，这样才会真实。也就是说，演员不但要明确偶人在特定的戏剧情境中的动作，而且自己也要下意识地按照剧情有所动作，在保持木偶水平等诸多规

① 李昌敏：《中国民间傀儡艺术》，51—52页，江西教育出版社，1989。

范的基础上，借助自己的身体韵律来带动偶人的相应动作[1]。而在实际表演过程中，偶戏也会依据品种的特质，具有不同的表现手法，例如操纵杖头木偶时，表演区实际高过台下观众的视线，因此，偶人在靠近台口时需要低些，而越往台后，则需要逐步地举高，保证观众能够看到完整的偶人形象。而布袋戏则需要操纵偶身的食指，保持中正；操纵偶人双手的拇指、中指，保持高度一致，只有这样，偶人才能展现出较为稳定的姿态。

与偶人表演相符的杖头操纵者

这种规范在其他偶戏形态中，也有类似的表现。特别是在人偶戏中，人已经成为不可缺少的组成部分，充分地发挥着偶人所不具备的表演手段，增加了偶戏艺术形象的表现。在当代童话剧的演出中人偶同台，人的灵活、偶的机械，演员的有限、偶的写意，都能够很好地展现于灵动幻化的舞台意境。

二、偶戏各形态之间的结合

偶戏通过木偶进行表演，不同的偶戏品种也具有各具特征的偶

---

① 山西省第一届皮影木偶戏观摩演出大会编印：《山西省第一届皮影木偶会演会刊》。

人，这是共识。但是，在偶戏不断发展的进程中，也会打破自身的规范，出现多元的艺术表达，人成为偶戏艺术的前台演员，不同形态的偶人彼此配合，这都极大地拓展了单一的偶戏品种的艺术内涵，使其附带上独特的审美韵味，展现出兼容并包的舞台风貌。

真人介入偶戏表演，最具特征的是海南人偶戏。这种偶戏需要操纵者与偶人着装一致，并且用人、偶之间的相互配合，互相弥补对方的不足。在人偶戏的表演技巧中，有“人偶互补”的特定技法。即根据剧情的需要，演员可以从偶人的相对位置，探出头来，展现面部表情动作；而表示落座等动作的时候，演员可以跷起二郎腿，做出特定的身段动作，来表示特定情境中的人物情态。特别是在展现神话故事的时候，演员甚至可以抛出偶人，自己通过空翻等动作，落到所去的舞台位置，以营造神异的舞台效果。而在“跺脚”的表演程序中，为了呈现剧中人的激奋心情，在唱段的最后一拍时，演员用右脚重重地一跺，以引起过门音乐的演奏，演员的这种参与成为人偶戏音乐表现的重要特色。此外，如表现“骑马射箭”的剧情时，人与偶都要做出骑马状，特别是演员做出马步、偶人做出射箭状；而在箭中目标之后，演员要面带微笑，连连点头。很显然，表演者在这个程序中，已经不单单是一个偶人的操纵者，而是自由地出入戏内戏外，或者代表“马”的形象，或者替代偶人展现表情。人在人偶戏中的表现，极大地丰富了偶戏的表现力，使单纯的偶人表演增加了偶所不能的动作、情态。同时，这种人所介入的偶戏，也用偶的形象深化了人力所不及的表演。特别是在人偶舞台上，这种人加偶的艺术构成使戏剧场面较之人戏更加宏大，虚实相间，相映成趣。

而偶戏在近代以来的艺术实践，不断地探索出多元偶戏元素的彼此结合，使偶戏舞台不断地增大，而偶戏品种也能够同台表演。例如泉州木偶剧团创造的天桥式的立体舞台，不但扩大了表演区的范围，容纳更多的艺术形象，而且通过天桥上的提线木偶、地台的杖头木偶、布袋木偶等，乃至真人上台等多种方式，共同营造出瑰丽奇幻的偶人世界，呈现出异常丰富的舞台想象，使小小的偶戏可以展现异常阔大的戏剧场面。例如在呈现泉州嘉礼的新编剧目《古艺新姿活傀儡》中，泉州木偶剧团吸收了传统剧目中以喜庆为主的情节、音乐，也包含了该团所创造的经典剧目如《驯猴》等；特别是真人上台，演员到幕前与偶人共同表演，以及使用头套等方式塑造形象，共同营建出普天同乐的欢乐场面。这种多元的表演形式，综合了人与偶的特长，也扩大了人戏与偶戏的表演极限，呈现出小偶戏大艺术的艺术风采。

泉州提线木偶中表演歌舞的偶人

偶戏舞台上的小与大，其实质在于质朴的偶人能够容纳多大的艺术表现力。而在上千年的中国偶戏艺术实践中，人的创造力已经完全超越“偶代人言”的艺术表现方式，而获得了更加阔大的艺术张力。无论是表演者与偶人的相互配合，还是偶戏品种的兼容并蓄，抑或是充分地发挥人与偶在偶戏中的最大优势，都一再地说明偶戏的小人物、小天地可以深刻地展现人们所认识到的大世界、大天地。

少多之辨

偶戏是一个简单的艺术品种。所谓的简单，在于偶戏代表了中国戏曲在组织结构中的最简单形态，从一个人完成的扁担戏、布袋戏，到两三个人可以表演的提线戏、杖头戏，直到当代最大规模的偶戏也不过十数人。但是，偶戏也是一个复杂的艺术品种。所谓的复杂，在于偶戏在上千年的发展历史中，可以全盘接纳最丰富的戏曲艺术的组成内容，其艺术风采竟然不让人戏，自始至终与人所表演的各种艺术形态展开艺术竞技，并且成为民众生活中不可或缺的娱乐形式。体现在偶戏中的简单和复杂，成为包含在偶戏艺术中的又一个悖论，这种不因表演者多寡而能灵活自如地表演历史家国、人生百态的戏剧形式，也成为人们思考人与物的最佳和谐创造艺术之美的最好证明。偶戏的最高成就也在于：在少与多的艺术实践中完成技术与艺术的高度融合。

班社组织结构最能体现偶戏的“少”。按照人数的多少，偶戏班社分大班、中班、小班三种形态。十人以上为大班，这在当代各地具有代表性的偶戏表演团体中较为普遍。许多新创的当代偶戏剧目，如《琼花仙子》、《马兰花》、《火焰山》、《钦差大臣》等，因为剧情的复杂、角色的众多与技艺的难度，操纵偶人的演员也较多。十人以下的，由几个人组成的偶戏班社为中班。这在一般的杖头木偶、提线木偶、布袋木偶班社中较为普遍，特别是民间职业班社大多会选择这种人员构成简单、行动便利，但

一人唱演

表演又不乏丰富的组织形式。而一个人表演的为小班。这种形式通常为扁担戏等形态，简单、表演质朴的偶戏形式，唱、念、做、打等全套表演都由一个人承担。从偶戏班社人员的“少”，正可以看到宋代以来的偶戏艺术，正是通过这人数不多的偶戏班社得以延续数百年；也正是依靠这些有限的人员结构，偶戏不断滋生出形态各异的艺术品种，而且也形成了各具特色的表演技法，创造出丰富多彩的经典剧目，实在可以说是戏剧发展史上的奇迹。

中国偶戏与戏曲艺术有着密切的联系，悠久的偶戏演出传统开启了宋元以来戏曲艺术的表现形态，也不断地吸纳着各个时期流行艺术、戏曲艺术的营养。因此，偶戏也袭用了戏曲的行当特征，使其相对简单的偶人能够表现非常多样的角色。众所周知，中国戏曲艺术

多人演出

的发展建立在人员简单、流动做场的特殊文化背景。唐宋时期两个人表演的参军戏，宋元时期五个人表演的杂剧，明代七个人组成的七子班，直至清代形成“江湖十二角色”，由十二个人组成规模较大的戏曲班社；而数量不多的演员需要面对一部戏剧作品中各具特点的人物形象，行当因此而孕育而生。所谓的行当，也就是对具有相似类型的人物进行分类，以此来展现具有共同特征的艺术形象。例如戏曲艺术中的生、旦、净、丑，就代表了男性、女性、性格粗犷、滑稽调笑四类具有典型特点的人物。而每个行当中也可以细分出更多的小行当。如生行，按照年龄大小和身份的不同，又分作娃娃生、小生、须生、老生、武生、雉尾生等等。因此，随着戏曲班社规模的不断增大，行当艺术也更加发展起来。但是贯穿在行当艺术中的“一脚众角”的特点，即一种行当可以表演多种角色，也日益成为中国戏曲艺术最重要的艺术经验。

偶戏的产生和发展，与戏曲有着相似的历程。虽然在戏曲还未形成的时候，偶戏已经通过栩栩如生的“木老人”等艺术形象，能够演出具有一定思想内涵的歌舞戏，但是随着表现内容的日益复杂、角色形象的不断增加，偶戏也借鉴戏曲的行当艺术来适应简单的偶戏构成与丰富的偶戏表演之间的矛盾。正如前文提到的，中国偶戏的偶人雕刻从模仿真人、塑造具有类型化的艺术形象的阶段，逐渐地过渡到借助脸谱化的行当来表现生活，以至于在大多数偶戏品种中出现了“一面多角”的偶人雕刻经验。这就使小小的偶像突破了自身质地的限制，而能够通过偶头、偶身的变换，产生出人物在身份、等级、地位、教养、年龄等多方面的变化。一个偶头，随着衣冠的更替，而变现出身份有别的多种形象，由此展现大千世界的人情物态。小小的偶戏舞台也能够和人戏一样，容纳成人世界的所有奇观。偶戏在上千年的历史中能够一直存活在最大多数民众的生活中，正与借助行当的艺术特征是相关的。

偶戏艺术的少、多之辨，还体现在这一艺术形式介入民俗生活所形成的表演经验。如前所述，中国偶戏一直就以实用性的特征，与民俗生活结成了密不可分的联系；特别是那些生存于人的精神世界中的神鬼观念，一直就在传统中国人的生活中产生着重要的影响，而偶戏特殊的剧目正与此相适应，产生出别具风格的宗教祭祀剧目。篇幅较长的如《目连》、《香山》、《奶娘传》等，篇幅较多的如《状元游街》、《张公打洞》、《观音游殿》等，都与特定的观念联系在一起，以少胜多，广泛地出现在各种形式的民俗场合、祭祀演出中。

例如《目连》的偶戏演出，大多与祭祀无嗣孤魂的宗教内容相关。因此基于这种单纯的菜单，这一剧目也就广泛地出现在传统七月十五鬼节的“普度”活动、不定期的区域性的超度行为，及不可预测的天灾人祸之后；甚至在个别地区宫庙建设竣工、地方保护神开光仪式等等，也会因为宗教行为中包含着对神鬼的安抚而演出目连戏。再如情节简单的《张公打洞》，是福建莆仙地区偶戏班社在结束演出的时候常常演出的剧目。其故事内容主要表现道教闾山教的祖师拜师学艺，最后消除十八洞妖孽的侵扰，最后获得地方平安。这个剧目具有较为浓郁的宗教功能，但正是平息灾难、圆满结局的情节特点，使之成为表达戏剧演出成功结束的典型代表，深深地反映出地域民众追求完美、渴望幸福的心理。因此，这出人物少、表演少、情节简单的短剧，就成为莆田偶戏必演的例戏，其艺术生命超越了许多随时尚转移的剧目。

偶戏在民俗生活中体现出来的“少”与“多”，和偶戏借用行当艺术、班社结构等产生的少、多之辨，具有相似的思辨特征。以一当十的思维特点，来自于偶戏特殊的形成历史和居于边缘的艺术地位。但是，正是得益于这些“少”，偶戏从艺术表现、组织方式到功能传达，都一再地展现出表现力之多、表演形态之多、适用功能之多等多样而阔大的艺术张力。这也促使偶戏成为最深入人心的艺术形式，一直存活在中国人的生活中。

第七章

偶戏的艺术传承

偶戏的艺术转型

偶戏从“兴于汉、盛于唐”的发展历史，逐渐孕育出品类繁多、表现各异的艺术种类，并且以丰富的经典剧目和表演手法，将这一艺术品种与地方社会的审美风尚结合起来，在明清两代的六百多年间盛演不衰，成为与丰富灿烂的戏曲艺术并驾齐驱的艺术样式。到了近代，偶戏这一最贴近农村百姓的戏剧样式，同样感触到了时代变迁的脉动，并且通过紧跟时代的思想潮流，不断地进行艺术创新，由此形成了偶戏在城市不同的发展趋向，显示出迥异于传统的演出风格。

早在二十世纪初，广东、福建等地的偶戏艺人，借助闽粤华人在海外的旅居，被邀请到东南亚等地进行表演。这虽然大多出于华人对本土艺术的眷恋，但是面对世界舞台，偶戏也有机会审视自身的存在价值和发展趋向。三十年代，上海的文化人在偶戏演出中，比较多地发扬了传统灯彩戏的艺术经验，借鉴现代化的灯光、布景，重新布局传统的偶戏舞台，寻求舞台艺术的超越。

1945 年上海木偶剧社提线木偶演出的《长恨歌》 选自《木偶戏艺术》

例如 1935 年上海举办国际儿童联欢会，以虞哲光为主表演《文天祥》、《卧薪尝胆》等节目。这些节目很不同于传统历史剧作，附带着较为强烈的时代思潮。四十年代开始，在上海、北京、桂林等地，时代的进步文人积极地探索偶戏艺术在思想、舞台、表演等各方面的创新发展，上海业余木偶剧社、上海木偶剧团、中国木偶剧社等剧团组织，相继建立并创编新剧目。特别是虞哲光为代表的偶戏导演们，利用现代化的舞台设备，充分发挥声、光、电等技术优势，并且用新歌剧的形式，将传统偶戏进行了脱胎换骨的艺术更新，演出剧目特别适合于表演儿童教育故事。例如《原始人》、《天鹅》、《阿丽思》、《长恨歌》等，在题材、表演、舞美等方面都显示出不同于传统偶戏的艺术特色。其中，《长恨歌》由宇宙公司拍摄成舞台纪录片，获得了教育界的一致好评。而 1944 年在桂林举办的首届西南戏剧展览会上，温涛主持的偶戏完全抛弃了传统表演，用偶戏形式演出话剧，为传统偶戏的艺术转型作了大胆的尝试。与此同时，李振支在北京、林堃在广西、周易人在辽宁，都积极地编导童话色彩较为浓厚的偶戏作品，并将其作为儿童教育的重要方式，推广到师范及各级学校等教育机构。例如李振支的《唇亡齿寒》、《两兄弟》，林堃的《森林里的悲喜剧》，周易人的《嫦娥奔月》、《三小兔》等，都在当时的教育部门产生了积极的影响。

从近代以来中国偶戏的艺术探索实践，可以看到，偶戏在时代转型中，除了艺术上的改变之外，还包括对观众群体的重新定位，在传统社会中履行着重要民俗功能的偶戏，在新的时代中逐渐地发挥了偶人的稚趣，也逐渐地使其成为面向儿童教育的戏剧形式。这种在城市舞台上不断获得成功的尝试，到了 20 世纪 50 年代，便逐渐地成为城市偶戏发展的主流，并且代表了新型偶戏艺术的发展趋向，成为当代偶戏的重要开端。

1955 年 4 月，文化部组织的第一届全国木偶皮影戏观摩演出会在北京举行，来自北京、山东、山西、河北、陕西、黑龙江、青海、四川、湖南、广东、福建、浙江、江苏等 13 个省市的 31 个木偶皮影剧团参加了演出；备选剧目 36 个，包括历史剧 23 个，神话戏及童话戏 12 个，现代戏 1 个。最后确定演出的有：

第一届全国木偶皮影演出节目介绍

闽西提线木偶：《大名府》；

闽南布袋木偶：《孙翠娥代嫁》、《中山狼》、《蒋干盗书》、《狐狸建筑师》、《哪吒闹海》、《路打不平》；

福建铁枝木偶：《韩妙珍》、《花振芳卖艺》；

福建提线木偶：《花亭会》；

铁枝木偶表演的特技　曹娟供图

山西杖头木偶：《金刚庙》、《二堂舍子》、《闹公堂》；

浙江提线木偶：《断桥》；

江苏提线木偶：《盗仙草》、《宇宙锋》；

广东杖头木偶：《西蓬击掌》；

粤东提线木偶：《范寿山》；

粤东纸影戏：《唐三藏收徒》；

广东单人木偶：《黄飞虎反五关》；

川北京木偶：《小放牛》；

川北二木偶：《火烧濮阳》、《水擒庞德》；

川北大木偶：《出岐山》、《斗牛宫》；

湖南杖头木偶《打面缸》

中国木偶艺术剧团《猪八戒背媳妇》

四川杖头木偶：《火焰山》；

湖南杖头木偶：《八戒闹庄》、《草船借箭》、《打面缸》；

合阳提线木偶：《打金枝》、《周仁回府》；

中国木偶艺术剧团：《小鸭》、《秧歌舞》、《狼姥姥》、《石龙子》、《猪八戒背媳妇》。

上述36个演出剧目与备选剧目略有不同，其中，除了《范寿山》、《秧歌舞》属于现代题材作品，类如《小鸭》、《狼姥姥》等属于童话剧外，其他绝大多数属于传统剧目。作为最具地方特色的偶戏品种，此次汇演集中了李春田、李梅初、吴德文、郑寿山、李寿添、谢发、杨应泉、卢继林（以上广东），丘必书、徐傅华、陈南田、杨胜、吴焕成、李荣宗（以上福建），李海轩、刘春生（以上湖南），王孝前（陕西），王绍禹、孟玉印（以上山西），吴耀光、杨华轩（以上四川），许家卿（浙江），焦鸿贵、焦鸿鼎、焦惠娟、焦桂英（以上江苏）等著名的老艺人。

漳州布袋木偶大师杨胜和他的木偶艺术　曹娟供图

此次观摩演出会期间还举行了各地演出代表队的座谈会和木偶戏皮影戏艺委会的六次座谈会，不但对演出剧目进行评论探讨，而且对木偶、皮影的发展趋向做了理论和政策的总结。其对木偶戏产生较大影响的总结认识，主要表现在：

漳州布袋木偶戏《蒋干盗书》

现代戏、儿童剧增加：此次汇演的备选名单，按照题材分成了三类：历史剧、神话戏及童话戏、现代剧。这种分类实际上在传统剧目中，分列出童话题材和现代题材，也就意味着儿童成为偶戏观众的重要组成部分，而现代生活也成为偶戏剧目表现的重要题材。在艺委会的第二次座谈会上，黄芝岗、安娥分别提出“皮影戏可以发展童话剧”、“木偶戏给儿童看比较合适”的意见，强调儿童群体对欣赏偶戏的必要性；而马少波则从农村演出木偶戏的实际情况出发，并不十分赞成偶戏的儿童化。在艺委会第四次座谈会上，虞哲光分析了偶戏的操纵者大多是老艺人，这导致了新题材、童话故事在偶戏的缺乏，并提出儿童对偶戏新剧目的需求。上述争论显然为偶戏开启了一条适合儿童欣赏趣味的发展道路，大量的传统剧目及其精湛的表演技艺让学术界看到了尊重传统的必要性，但也注意到了新题材、新剧目、新观众的缺乏。正如张庚针对木偶造型的古老陈旧，强调木偶戏也需要“戏改”一样，在新的时代，传统偶戏面临的改革同样包含着在戏剧思想上的推陈出新。

偶人制作技术改进：此次汇演为十三个省市的偶戏表演团体提供了互相观摩和学习的机会，也让各地偶戏在艺术的对比中获得了技术的更新。特别是张庚提出偶戏“戏改”的原因即在于偶人制作技术的古老陈旧。在几次座谈会上，多数专家对偶人的制作技术提出了改进的建议：（一）偶人形象的一致性。例如常任侠针对《火烧濮阳》中曹操形象大、兵士形象小的问题，提出偶人的大小比例应该一致。（二）偶人形象的借鉴。如黄芝岗、华君武等人提出将中国木偶剧团制作的木偶推广到各地的建议。（三）偶头的形象塑造。如对陕西合阳木偶《打金枝》提出木偶造型身体扁平、脸谱粗糙的局限，并提出改进意见，等等。这些意见的参照标准，并不是按照地方偶戏的历史、发展、审美要求，而是按照中国偶戏在艺术、技术、制作等方面的最高标准予以确定。因此，地方偶戏剧团在大量观摩之后，必然会在偶人制作技术上很自然地进行弃旧改新，这显然既提高了传统偶戏，也改变着传统偶戏。

传统偶人　曹娟供图

舞台表演的进化：中国各地偶戏的发展向来与民俗活动结合在一起。此次汇演实际上用艺术的眼光检验了偶戏的传统和成就。偶戏的班社和艺人第一次离开乡土社会，在当时的政治、文化中心北京进行演出，自然不可能将那些与民俗结合在一起的内容进行表演。当然，选择的剧目能展现传统技艺。因此，

漳州布袋木偶大师杨胜和他的木偶操纵艺术　曹娟供图

这些经过多年磨炼打造的偶戏艺术经典，不但征服了观众，也征服了众多的艺委会专家。汇集了田汉、许姬传、马少波、周贻白、虞哲光、曹禺、张庚等戏剧界领导和专家的艺委会，对偶戏这一内涵丰富的艺术品种，给予了高度评价。特别是杜颖陶提出对民间偶戏丰富的艺术“矿藏”应该予以发掘保护，否则会很快丢失和消失。这个观点在此次汇演中基本上得到尊重。张庚在艺委会第三次座谈会上，对各地偶戏采取的“加工”和“学习外国”的两种趋向，给予肯定，并指出这种加工的作品要增加。这无疑为偶戏的艺术革新作了政策性的解读，这也成为各地偶戏在今后半个世纪发展的一个趋向。实际上，艺委会的领导和专家更多地针对偶戏艺术的提高，进行了学术指导。例如安娥提出《八戒背媳》唱词的不合理；华君武提出《狼姥姥》服装色彩偏暗，《石龙子》动作与人物身份不吻合；马少波提出男声演唱旦角的缺陷、偶戏缺少新创剧目，等等。这些意见和建议从偶戏的舞台文学、美术、表演、技巧等方面，有针对性地进行了修订意见。特别是每次演出后的业务座谈会，让偶戏在艺术化的道路上获得了进一步的发展。

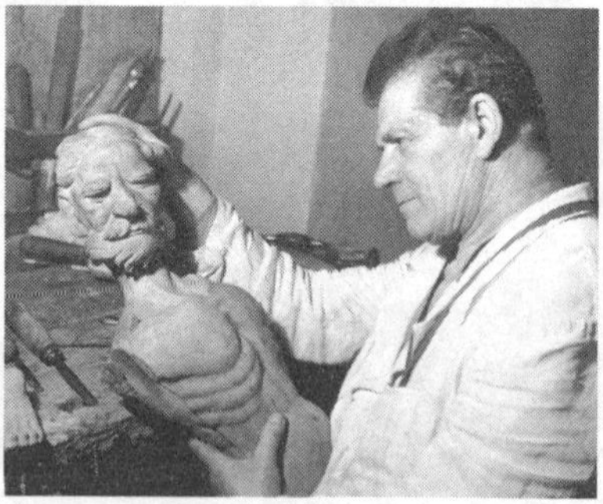
外国木偶及艺师　曹娟供图

第一届全国木偶皮影戏观摩演出，在新中国百废待兴的时候，对偶戏艺术进行了最大规模的展演和研讨，结束了传统偶戏艺术游离于政治、文化、艺术之外的局面，也结束了偶戏艺术长期以来局限于卖艺谋生的生存状态，将时代对于艺术的诸多政策、要求给予偶戏，成为其生存发展的动力。而且，当时苏联、捷克等社会主义国家的偶戏发展经验及建团模式，也经过解放后的几年里被介绍进来，一起成为中国偶戏艺术借鉴的重要经验。因此，偶戏艺术的国营表演团体的建设，也越来越成为各地文化主管部门寻求偶戏艺术发展的重要工作。随着文化部支持成立的中国第一个国家木偶剧团——中国木偶艺术剧团的成立，各地的偶戏表演团体体制也纷纷建立、健全起来，并在各地艺术生产中逐渐成为重要的艺术创新力量，引导着本地偶戏艺术的继承和发展。这些团体有的保留了在四十年代就成立的偶戏剧团的原有规模；有的则吸收了本地具有代表性的艺术传承人，组合成新的艺术表演团体；有的则吸收借鉴其他地区发展经验，进行组团。不论这些偶戏团体的组织形式如何，他们都一再地显示出：偶戏艺术已经作为一门独立的艺术形态，在源流有序地发展历程中，正在努力地遵循着时代和国家的要求，在新的时代里，面对新的需求，寻求新的发展。这种艺术转型同样是历史必然。

当代偶戏发展态势

偶戏艺术的转型带来了传统偶戏艺术的革新和变化，但是，各地偶戏艺术表演团体的发展态势，却并非整齐划一，而是各具特色。这不但来自于各地偶戏艺术自具规模的发展历史和各地群众各具风格的审美趋向，而且也来自于偶戏在艺术转型时立足于城市的演出基础和立足于文化人的决策基础。因此，经过解放以后五十多年的发展，各地偶戏的生存方式逐渐地出现了多种趋向。大体而言，主要有：

一、城市与乡村生存环境的分野

中国偶戏在宋代以前，一直以其蕴含着的文化思想和特定的宗教意蕴，活跃在城市生活中；特别是宋代兴起的勾栏瓦肆作为艺术表演的重要场所，容纳了丰富多彩的偶戏艺术，并且使之成为城市市民欣赏中最重要的艺术品种。不过，宋代以后，随着中国戏曲艺术的不断成熟，新兴的杂剧、南戏以及声腔剧种等戏剧样式不断出现，偶戏也逐渐地成为基层民众最容易欣赏到的戏剧样式，简便的舞台装备、取法于戏曲的说唱艺术、附着在宗教民俗的演出特征，都成为偶戏得以长久生存于民间的基础条件。在明代以来的六百年间，偶戏艺术在民间逐渐探索出依附于地域文化、依附于戏曲艺术、依附于民间审美的发展道路，并且显示出较为稳定的发展态势。

但是，经过近代思想的洗礼，特别是大批有志于创新发展的文化人对中国偶戏的介入，使偶戏在城市的发展，去除了传统生活的影响，而以崭新的思想、谐趣的造型、新颖的情节，逐渐成为城市戏剧的一个组成部分。五十年代以来，各地的偶戏班社纷纷组织成地方性的偶戏艺术表演团体。例如 1952 年泉州文

福建莆仙民间偶戏演出

化馆遴选本地提线木偶师傅组成“泉州木偶实验剧团”及“泉州木偶艺术剧团”，之后发展成为泉州市木偶剧团；1956年湖南皮影队与邵阳木偶剧团合并，成立湖南皮影木偶艺术剧团，等等。这些木偶剧团或者成为一个省市具有代表性的表演团体，或者是某个偶戏品种的代表性演出团体，成为地方偶戏艺术的最重要代表，不但保留了传统演艺的精华，而且也开拓创新，编演出具有时代审美意蕴的艺术作品，在广大观众中具有较为广泛的影响。八十年代以来，在中华人民共和国文化部艺术司木偶皮影曲艺杂技处统一领导偶戏剧团的建制基础上，又成立了偶戏的行业性组织——中国木偶皮影艺术学会，由虞哲光任会长，使中国偶戏的发展获得了进一步的推进。中国木偶皮影艺术

陕西合阳提线木偶《周仁回府》

著名的偶戏史论作品
《傀儡戏考原》封面

著名的偶戏艺术研究专著
《木偶戏艺术》封面

学会建立之后，不但广泛地组织学术理论研讨，进行艺术交流、文艺汇演，而且与偶戏的国际性组织进行文化交流，将中国各地具有特色的偶戏品种、艺术经典，介绍、传播到世界，扩大了中国偶戏的生存空间。当然，偶戏从民国以来也成为学术界较为关注的一个课题，研究不断得到深化。改革开放以来，中国偶戏研究吸引了越来越多的戏剧、民俗等领域的学者，不断地出现偶戏研究的力作，让更多的年轻人通过这些学术结晶，获得对偶戏艺术的了解和探寻。

偶戏在城市的发展，正来自于偶戏作为艺术的文化定位。而在中国广大农村，偶戏参与民俗的实用性特点，却显得更加浓重一些，特别是在湖南、福建、广东等地，偶戏至今依附在民俗生活中，以其传统剧目配合着民俗的需要。例如在福建莆田地区，演唱莆仙戏的莆田提线木偶戏，在 20 世纪 90 年代末曾经拥有将近一百个民间班社，广泛地出现在民间神诞、节日庆典、婚丧礼仪等民俗活动中。其传统剧目《目连尊者》、《愿》等，至今履行着独特的宗教祭祀内涵，在独特的超度、还愿等礼俗中进行表演。

偶戏在城市与农村的分野，正是偶戏与时代相互选择之后的结果。适应时代风尚的城市偶戏，遵循着创新发展的艺术道路；而适应传统民俗的乡村偶戏，则保留了数百年形成的文化传统，显示出文化传承的稳定和持久。

二、新创剧目与传统剧目的分野

从 20 世纪 50 年代以来，偶戏艺术基本在各地国营偶戏剧团中实现转型，到1960年第二届全国木偶戏、皮影戏观摩演出会举办的时候，各地具有代表性的省级剧团，改编、创作了大量的偶戏剧目，除了取材于传统戏曲艺术的作品外，更多地借用民间故事剧、童话剧、神话剧等形式，推出新作品。例如有《大闹天宫》、《芙蓉仙子》、《闹春节》、《革新的道路》、《小放牛》、《钢铁小英雄》、《海上渔歌》等等。这些作品在题材、造型、表演、操作形式、舞台美术等多方面，进行了大胆艺术改革和创造，获得了观众的认可。

上海木偶剧团《孙悟空三打白骨精》

“文革”后期举办的第三届全国木偶戏、皮影戏调演，集中地展演了偶戏在现代戏的创作。例如移植演出的革命样板戏，如《智取威虎山》、《杜鹃山》、《沙家浜》、《白毛女》、《红灯记》、《红色娘子军》等，新编新创的剧目如《半夜鸡叫》、《红小兵学雷锋》、《学大寨夸丰收》、《山村新曲》、《向阳河畔》、《争上工地》等。这些剧目虽然附带着浓郁的时代特色，成为当时社会思想的“传声筒”，在思想上呈现出较为突出的政治色彩。但是，这些剧目在参照较为成熟的样板戏表演经验的同时，

中国木偶艺术剧团演出的《牧童》

积极地在现代戏、儿童剧领域打造艺术作品，并且在舞美、音响、造型等方面进行多方面的探索和尝试，逐渐形成了较为成熟的表现技法和表演模式，使近代以来偶戏工作者不断探索现代转型的思路逐渐地趋向定型，并积累成较有系统的编创规范。

“文革”结束之后，各地偶戏团体在古装、神话、历史等题材方面，重新恢复了创作的能力，并且推出了饱含时代思想、艺术精湛的剧目。例如1981年第四届全国木偶戏、皮影戏观摩演出会上演出的《野天鹅》、《通天河》、《哪吒闹海》、《三打白骨精》、《两个好朋友》、《爱吹牛的大公鸡》等剧目，在传统的各种题材基础上，成为当时的艺术精品。而在“文革”结束的将近三十年中，中国偶戏艺术的新创剧目不断地在艺术技巧、舞台美术上获得提高，并且以多元的操纵技术和表演方法，使中国偶戏成为跨地区、跨国界、跨文化的艺术形式。例如偶戏艺术大师黄奕缺表演的《钟馗醉酒》、《驯猴》，以及泉州木偶剧团表演的《古艺新姿活傀儡》、《钦差大臣》等，中国木偶剧团的《神唢呐》、湖南省木偶艺术剧团的《火云鸟》、成都市木偶剧团的《哪吒》、上海木偶剧团的《蛤蟆与鹅》等等，不但获得中国政府“文华奖”，而且也走向了世界，在出国演出中获得所在国家的高度赞誉。需要格外提出的是，台湾布袋偶戏在20世纪40年代以后，获得了长足的发展，在剧目创造方面，发展出剑侠传奇的“剑侠戏”、以剑侠为基础的“金光戏”，

台湾金光戏代表作《擒魔传》
选自《中国木偶艺术》

以电视媒体作为基础进行布袋戏演出的“布袋电视”，使布袋木偶戏的剧目创作，极具现代意味。

当然，对于大多数国营偶戏表演艺术团体和地方偶戏班社而言，传统剧目仍然是最主要的表演内容。特别是活跃在广大农村的偶戏班社，保留着大量的传统演出剧目，并按照传统表演模式，依据特定的民俗规则，扎根在民间生活中。传统剧目中的《西游记》、《奶娘传》、《观音》、《目连》等具有祭祀特点的剧目，以及移植自地方戏曲的传统剧目，至今在广大的农村上演。

三、儿童化与成人化的分野

儿童化，是偶戏艺术在近代以来发展的重要趋势，无论是20世纪前半叶文化人在上海、北京等地对新创剧目的尝试，还是四十年代以来木偶电影的题材选择，或是五十年代后全国性的木偶、皮影汇演，适合儿童欣赏的剧目及表演，都成为偶戏发展的重要话题。而中国偶戏经过了“文革”前后近二十年的艺术探索之后，已经对现代戏的创作积累了较为丰富的经验，这更加促成了儿童化的题材在偶戏剧目中占据了较为重要的比重。

毫无疑问，偶戏只是因为借助偶人表演而形成的戏剧样式，自然包括了不同年龄的观众。但是，城市偶戏在半个世纪的发展过程中，以儿童作为重要的观众群，正强调了偶人自具童趣的固有品格。来自偶人粗朴而略显生硬的动作，偶戏的表演才在“人”的善巧与“物”的机械之间，形成了特殊的艺术张力，也产生出了特殊的艺术美感。比之于人戏的灵活自如，偶戏的这种艺术特征更符合儿童特有的行为方式。因此，当代中国众多的木

巫婆、鳄鱼和小姑娘
选自《中国木偶艺术》

偶剧团，将其主要观众群锁定在儿童，显然充分尊重了艺术形式与审美受众之间的互动关系。例如中国木偶剧院制作的《木偶奇遇记》，在剧情发展到匹诺曹面对狐狸欺骗决定是否要将金子作为种子种下去的时候，即有匹诺曹向观众询问的情景。该剧在演出过程中，众多的小观众会急切地大喊“不种”、“不种”。这种台上、台下互动交流的场面，实际正来自具有童趣的偶戏剧目对儿童观众的充分把握。

其实，偶戏的发展并不排除对成人观众的吸纳。当代偶戏舞台早已打破了传统偶戏艺术品种的局限，往往会在新创剧目中，吸收并借鉴多种偶戏艺术的元素。例如中国木偶剧院制作的《美人鱼》，在舞台上为了增加艺术表现力，不但将木偶增大，而且也引入了真人表演，这无疑借鉴了人偶戏的艺术经验。而泉州提线木偶的《钦差大臣》、《古艺新姿活傀儡》等剧目的舞台，则使用大型的天桥式立体舞台，使提线木偶、布袋木偶以及真人能够同台演出，让木偶戏既能够惟妙惟肖地模仿人的表演，而且也超越了单纯的人或木偶进行表演的局限，拓展了舞台艺术的表现力。这些艺术作品使偶戏不但吸引了儿童的观看，而且也成为成人赞叹的艺术。当然，在民俗生活中生存的各地偶戏，一直维持着服务于成人观众的演出宗旨，那些在民俗生活中不能缺少的礼仪、庆典，在邀请偶戏参与的时候，更多地展现出成人世界对于

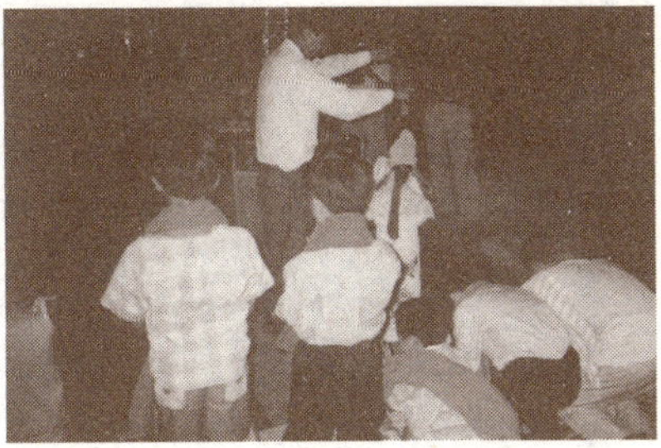

关注人生的福建莆田偶戏《北斗戏》
演出中的孩子和偶人

戏剧、民俗、宗教的统一需求。例如福建莆仙地区在为孩童举行“过关”仪式的时候，一定会通过莆仙提线木偶表演的《北斗戏》，将过关仪式通过戏剧场面进行表现。其时，需要“过关”的孩童由被操纵的偶人带领，在舞台上穿过，以表示解除关煞，获得平安。这种表演虽然针对儿童，但最终却来自于成人对于子女的关爱，非常典型地展现了民间偶戏的成人化特点。

偶戏的儿童化与成人化，从实质上将仍然是偶戏在城市与农村、在现代与传统的对比中出现的艺术规律。只有当这些矛盾获得了实质性的解决，人们的观念能够理性地认识城市与农村、现代与传统的差别，或许才能够真正地看到让儿童与成人同样动心的中国偶戏。

四、新型载体与传统媒介的分野

从20世纪40年代开始，中国偶戏就已经开始探索与电影等现代技术相结合。四十年代末在吉林的东北电影制片厂，由袁牧之等人倡导，开创了以动画片和木偶片为基础的美术片制作，由此出现了中国第一部木偶片《皇帝梦》，随后创作了《神笔》、《机智的山羊》、《胖嫂回娘家》等作品，不断走进中国观众电影欣赏的视野。

木偶电影《一只鞋》
选自《中国木偶艺术》

木偶电影《真假阿凡提》
选自《中国木偶艺术》

解放以后，木偶片的拍摄机构不断增多，上海美术偶戏电影制片厂、福建电影制片厂、辽宁科学教育电影制片厂等均制作了一定数量的木偶片，台湾地区也在1958年产生了第一部电影布袋戏《西游记》。上海电影制片厂木偶片组（后扩大为木偶电影制片部）创作的《三毛流浪记》、《哥儿俩》、《半夜鸡叫》、《李科长三难炊事班》、《降龙记》、《孔雀公主》、《一只鞋》、《阿凡提》、《曹冲称象》、《崂山道士》、《鱼盘》、《连升三级》等作品，将创作的题材推广到儿童、军旅、工业、神话、传说等领域，极大地拓展了传统偶戏的表现力，代表了不断转型的中国偶戏表演成就。特别是其中传统题材的作品，极大地改变了传统偶人的造型、服饰、舞美等，充分发挥了偶人的机械特点，又补充了真人具有的灵动特征，为偶戏赋予了更加深远的艺术表现了。这些作品在电影媒体的表现过程中，摆脱了传统偶戏艺术品种的粗糙，和局限于人手的操作技法，使偶人能够生动自如地按照偶人的运作规律，表现人力难以企及的艺术效果。虞哲光在木偶片的基础上，创造性地将儿童手工折纸与木偶片拍摄技巧结合起来，创造出《聪明的鸭子》、《湖上歌舞》等折纸艺术片，为中国偶戏增加了依靠“技术”而存在的新品种，完全超越了传统上依靠“人手”操纵的偶戏品种。

20世纪80年代以来，随着动画片的大量涌现和电视艺术的普及，传统偶戏也开始借助电视这一媒体，逐渐地将偶戏与电视相结合，形成电视木偶戏。例如漳州木偶剧团在新时期投拍的全国首部偶形动漫电视剧《秦汉英杰》，即是这种理念的具体实践。不过，这种电视木偶在台湾地区，则早已有布袋偶戏的创作实践。早在七十年代，黄俊雄将布袋木偶戏《云洲大儒侠》搬上电视荧屏，风靡一时，以致有学生受剧情影响，集体离家的社会事件发生。之后，《六合三侠传》、《大唐五虎将》、《新西游记》、《二十四孝》、《齐天大圣孙悟空》、《古海女神龙》等一系列的布袋电视剧陆续推出，脍炙人口，逐渐形成了独树一帜的布袋电视剧。1985年之后，黄俊雄的儿子推出以“霹雳”命名的系列布袋录像，《霹雳城》、《霹雳金榜》、《霹雳至尊》、《霹雳剑魂》、《霹雳天阙》、《霹雳烽云》等数量众多的偶戏作品被搬上荧屏，显示出与传统偶戏迥然不同的艺术风貌。1995年，黄氏兄弟成立了“霹雳卫星电视台”，专门制作、播放霹雳系列的偶戏，成为台湾戏剧乃至中国戏剧史无前例的艺术现象。

而在中国广大的农村，至今仍然保留着近乎原样的传统偶戏，简陋的舞台、粗糙的偶人、近于戏曲声腔的演唱等等，这些适合于以谋生为主旨的舞台风貌，既展现了传统偶戏写意、简练的艺术特征，也附带着来自经济落后、文化单调、表演稚嫩的传统社会的诸多特征。很显然，媒介丰富的当代偶戏与这种传统偶戏，已然成为当代观众对中国偶戏艺术的普遍印象，共同成为丰富辉煌的偶戏艺术资产。

偶戏的传承与传承人

2001 年 5 月 18 日，中国昆曲艺术被联合国教科文组织列为“人类口头与非物质文化遗产”名录，由此，揭开了中国保护非物质文化遗产的工作进程，对中国各地非物质文化遗产的调查、发掘、整理、研究、保护的具体工作，在全社会范围开展起来。近年来中国加入联合国教科文组织《保护非物质文化遗产公约》，2005 年国务院办公厅《关于加强文化遗产保护工作的意见》和国务院《关于加强文化遗产保护工作的通知》的相继签发，以及每年六月“文化遗产日”的设立，都显示了中国政府对包括民间文学、民间音乐、民间舞蹈、传统戏剧、曲艺、杂技与竞技、民间美术、传统手工技艺、传统医药、民俗等在内的传统文化的高度重视，并提出了具体的保护措施。中国偶戏正是在这样的时代中再一次获得了社会的关注。

其实，中国在参与上述国际非物质文化遗产保护工作，并明确确立中国非物质文化遗产保护政策之前，已经拥有对文化传统的诸多举措。作为一个拥有五千年文明历史的古国，“慎重追远”的文化理念一直就是传统社会贯穿于从国家到个人的精神纽带；维持、保护并传承、发展传统文化，一直就是历朝历代遵守的人文关怀。偶戏能够从宋明以来不断地保持着原生状态，成为与相对进步的戏曲艺术并驾齐驱的戏剧品种，正得力于地方社会对于偶戏艺术的保存和传承。解放以后，流落民间的偶戏艺术及其艺人，获得了政府的关怀和关注。在1955年第一届全国木偶皮影戏观摩演出会前后，各地文化主管部门纷纷组织老艺人，成立偶戏剧团，发掘偶戏剧目，传承偶戏技艺，开展偶戏汇演，使传统偶戏艺术获得了较为系统而完整的保存。

《山西省第一届皮影木偶会演会刊》封面

1956年山西省第一届皮影木偶会演，汇集了来自全省各地的90个剧目，《二堂舍子》、《货郎翻箱》、《亚苏记》、《光武山》、《连环计》、《百宝箱》、《全家会》、《走雪山》、《杀舟》、《金刚庙》等大量传统剧目得到了发掘整理。王绍禹、黄耀之、李峪等杖头木偶戏艺人，姚明正等扁担戏艺人，凌进才、张治国等提线木偶艺人，不但受到政府的尊重，在会演期间进行艺术总结，而且他们的艺术班社也通过政府的力量恢复重建。正如其时的山西省邓初民副省长在会演开幕式讲话中提到的：偶戏艺人也是“人民的教师”，“他们的工作是崇高伟大的事业”。这种对艺人及其艺术的高度评价，也正来自中国偶戏进入新的历史阶段所遇到的良好的政治、文化环境。他提出“老艺人应该把自己的艺术交给后一代”，勉励青年“要听老艺人的话，诚心诚意地向老艺人学习”[①]，

① 山西省第一届皮影木偶戏观摩演出大会编印：《山西省第一届皮影木偶会演会刊》，1—2页，中国艺术研究院图书馆保存资料，1956。

傅起凤学习操纵杖头木偶
摄于20世纪50年代　傅起凤供图

实际上代表了新的时代艺术传承的发展趋向，在传统家族传承的基础上确立的师承发展成为偶戏艺术传承的重要经验，也附带着浓郁的时代风尚。在会演期间，各地偶戏艺人进行了深入的交流，通过观摩既领略了外地偶戏艺术的优长，也不断审视自身艺术的不足，彼此借鉴、吸收，获得了艺术的提高。可以说，山西省第一届木偶会演开启了偶戏艺术在传统传承、艺人创造、文化管理三方面相互结合的艺术继承与创造方式，在某种程度上对传统偶戏艺术的保护和提高做出了努力。

在山西省木偶会演出现的这种尊重传统、保护传统、整理传统的方式和方法，在同时期的其他各省均有类似的展现。中国各地具有代表性的偶戏剧目、偶戏艺人，在这一时期均得到了不同程度的记录和保护。可惜的是，“文革”十年打破了这种文化传承，偶戏艺术遭到了极大的摧残。“文革”之后，中国偶戏起死回生，在偶戏艺术中出现的城市与乡村生存环境的分野、新创剧目与传统剧目的分野、儿童化与成人化的分野、新型载体与传统媒介的分野等趋向，表明了偶戏艺术基于时代变迁，出现了多元的艺术经验，并形成多元的表演传统。因此，中国偶戏艺术的保护，便因“人”与“戏”两个角度，而具有多元的保护需求。

从人的角度而言，偶戏需要保护偶戏的操纵者——艺人，需要保护雕塑偶人的艺人，需要保护偶戏的观众，以及由艺人和观众共同构成的人的生存环境。

保护偶戏表演艺人，需要将他们传承而来并加以创造发展的操作技艺、表演心得、艺术处理等，通过记录、整理、录音、录像等方式记录下来，并且在传承人的学习中得到贯彻。这种完整的保存，能够充分挖掘存在于人身上的艺术智慧，并通过人的因素而传之久远。

陕西合阳提线木偶光盘封面

保护雕塑偶人的艺人，同样也需要借助这样的方式，将艺人在雕刻、塑造偶人的所有经验、技法和心得，得到保存和传承。例如在中国偶人雕刻艺术家中，最为人所熟悉的是江加走、徐年松，他们早在解放之初就得到政府的尊重，并能够传艺授徒。他们的传人江朝玄、徐竹初，不但保留了他们的艺术创造，而且能够有所发挥、拓展，显示了良性的传承方法对于传统技艺的推动作用。

而观众与偶戏生存环境的保护，则因偶戏演出空间的不同而具有各自不同的方式。在城市偶戏的保护工作中，儿童这一特殊的观众群体及其独特的审美特征，成为偶戏艺术保护的重要内容，这必然反映在对特定剧目的保护传承中。而在乡村偶戏的保护工作中，传统民俗生活的保护成为保护偶戏的前提。没有特定的民俗生活，也就没有偶戏艺术的生存，也就没有依附在特殊民俗活动中的演出剧目。当然，这种区别只是大体而言，作为代表地方偶戏艺术最高水平的表演团体，其保护的内容明显要宽泛得多。例如福建泉州提线木偶、陕西合阳提线木偶、四川南充杖头木偶、海南临高人偶戏、山西孝义杖头木偶等久负盛名的偶戏，不但要保护半个世纪以来适应儿童观众的新创剧目，而且也需要保护那些深入民俗生活中的传统剧目，这都成为维护观众群体和生存环境的基本保证。

从戏的角度而言，偶戏艺术需要保护偶戏的经典剧目、偶戏的操作规范和技法、偶戏的舞台、偶戏的创编规则。

偶戏的经典剧目和操作规范技法是偶戏保护工作的核心。优秀的经典作品实际是一个时代的艺人在继承传统技法的基础上所创造的最高典范，经典剧目正是通过高超的技巧得以呈现，而诸多的规范与技法也体现在经典的艺术形象的塑造中。偶戏的舞台，随着时代的变迁而拥有不同的规模和形态，对于那些发展比较好的偶戏剧团，其创造的偶戏舞台也呈现出多元化的特征，多元的舞台结构同样是偶戏艺术遗产的重要组成部分。

在偶戏艺术的保护中，最容易被人忽略的则是偶戏的创编规则。传统的偶戏在组织剧本、表现技艺的过程中，形成了具有系统性的创作表演规则。这成为偶戏区别于其他戏剧样式的本质特点，也是偶戏艺术最根本的非物质特征。例如20世纪50年代的山西杖头木偶艺人王绍禹在操纵木偶时，特别强调用力在“腕”，但要保持对木偶头、手部位的注视；木偶的形体规律要建立在人的相应动作之上；表现下跪动作时，要注意肩部动作在“下腿”、“起腿”时的协调；表现偶人摇头、摆身、打口条等动作时，要利用不同部位的扦杆的作用等等[①]。正是这些来源于偶戏形态自具特征的操纵经验，不同的偶戏艺术也就在剧本文学、戏剧场面、情节结构等方面，拥有了独特的表现。那些注重动作性的剧本情节也为偶戏最擅长表现的内容，那些故事单纯但又充满歌舞韵律的场面情境也成为偶戏最容易采用的表现方式。可以说，偶戏的本体特征正在那些历代累积起来的创编规则中反映出来；没有了这些规则，偶戏艺术也必然会流为用偶人表演的话剧、歌剧等戏剧形态，而非传统意义的偶戏。

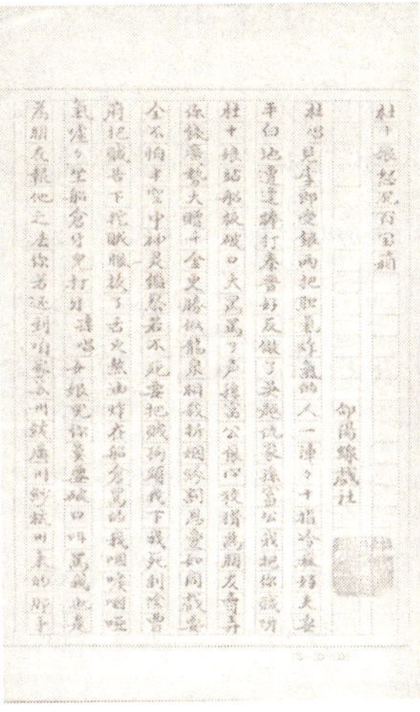
20 世纪 50 年代整理的陕西合阳线戏剧本

偶戏对“人”与“戏”的保护需求，正是偶戏在经过传统和当代转型之后出现的理性思考，也是谋求偶戏不断获得良性发展的基本认识。随着当代生活的日新月异，人们的欣赏趣味不断在时尚中抉择，传统的偶戏艺术也与当代生活越来越存在距离；不论是依附在传

① 《王绍禹谈操纵木偶的经验》，见山西省第一届皮影木偶戏观摩演出大会编印：《山西省第一届皮影木偶会演会刊》，13 页，中国艺术研究院图书馆保存资料，1956。

统生活和观念中的偶戏品种，还是已经实现艺术转型的偶戏样式，都面临着生存环境恶劣、后继人才匮乏、传统技艺流失、经典剧目不继等诸多困境。保护并传承偶戏艺术，不但是对一种传统戏剧遗产的基本尊重，而且也是对历代偶戏艺人创造艺术的智慧的尊重，对借助偶人表现世界的民族智慧的尊重。

中华民族对文化传统的保护工作由来已久，但是限于特定历史阶段的现实条件，对文化传统的保护措施并没有达到尽善尽美，特别是适应世界潮流的非物质文化遗产保护的诸多工作刚刚起步，许多工作还属于初创时期，还缺乏制度保障，缺乏规范而有效的保护和利用。因此，对于周边国家和地区文化保护模式的借鉴和学习，对于个别省市区文化保护经验的尊重和发扬，都显得非常必要。台湾地区在近年来对于偶戏艺术的保护措施，对当前的偶戏保护能够给予很多有益的参照[①]。台湾地区的偶戏品种基本上与闽粤地区的移民文化相关，在长期的发展历史中，逐渐地与台湾本土文化相结合，形成了同源异脉、同中有异的偶戏特征，使这一独特的艺术品种成为中华文化认同、闽粤族群认同的重要显示。因此，台湾的有识之士对这一艺术传统给予了高度关注，并采取行之有效的措施，大力保护传统偶戏艺术的丰富遗产。其中，总计三期的布袋戏“小西园——许王”技艺保存计划、“新兴阁——钟任壁”技艺保存计划，以及布袋戏黄海岱技

---

① 参见（台）蔡欣欣：《戏以人传——台湾对传统戏曲艺师的技艺传承与记录保存》，2007 年 10 月福建晋江“传统戏曲流派与非物质文化遗产保护暨高甲戏柯派艺术研讨会”会议论文。

艺保存计划、明兴阁掌中戏保存计划、家族掌中戏保存计划、和总计两期的傀儡戏“新锦福”梁宝全技能保存计划，都是针对特定偶戏品种中独具流派特征的偶戏艺师及其技艺保护措施。此外，还有台湾布袋戏女演师的研究和调查计划、台湾阁派布袋戏的传承与发展研究计划等等。从这些保护计划可以看出，台湾偶戏保护的范围不但针对技艺高超的艺师和他们的技艺，还包括了源自于家族、性别、流派等特征的技艺范畴，充分尊重了偶戏不断保存、不断发展的遗产特征。这是需要人们珍视并学习的。

台湾传艺中心摄制的提线木偶光盘封面

2006年6月，国务院公布了《第一批国家级非物质文化遗产名录》，在92项传统戏剧中，木偶戏作为单列项目位列其中；十二个子项目作为颇具代表性的地方偶戏，基本涵盖了传统偶戏的基本类型。这确实是一件令人振奋的文化工程！在接下来的更长时期里，还会有更多的子项目进入国家保护的名录中。我们相信，这些传统的偶戏艺术在新的时代里，不但能够发展好，而且能够保护好，传承好……

参考文献

一、著作

1．孙楷第.傀儡戏考原.上杂出版社，1952．

2．木偶戏皮影戏观摩演出会编辑研究处编印．木偶戏皮影戏汇演资料．中国艺术研究院图书馆藏内部参考资料，1955．

3．山西省第一届木偶皮影戏观摩演出大会编印．山西省第一届木偶皮影戏观摩演出大会会刊．中国艺术研究院图书馆藏，1956．

4．虞哲光．木偶戏艺术．上海文化出版社，1957．

5．周海宁．江加走木偶头像．上海人民美术出版社，l958．

6．李昌敏．湖南木偶戏．湖南人民出版社，1984．

7．沈平山．中国掌中艺术——布袋戏．著者出版，l986．

8．陈瑞统．泉州木偶艺术．鹭江出版社，1986．

9．曹本冶．香港的木偶皮影戏及其源流．香港市政局出版社，1987．

10．李昌敏．中国民间傀儡艺术．江西教育出版社，1989.

11．泉州地方戏曲研究社编辑．木偶大师黄奕缺．福州．福建美术出版社，1990．

12．财团法人施合郑民俗文化基金会．民俗曲艺·布袋戏专辑.民俗曲艺第 67—68 期．财团法人施合郑基金会，1990．

13．丁言昭．中国木偶戏史．学林出版社，1991．

14．刘霁,姜尚礼．中国木偶艺术．中国世界语出版社，1993．

15．上海人民美术出版社编印．徐竹初木偶雕刻艺术．上海人民美术出版社，1994．

16．袁洪亮．闽西木偶戏音乐集成．龙岩地区文化局、上杭县文化局编印，1994.

17．叶明生．闽西上杭高腔傀儡与夫人戏．施合郑民俗文化基金会《民俗曲艺丛书》．财团法人施合郑基金会，1995．

18．孙建军．中国民间美术全集·游艺编·木偶皮影卷．山东教育出版社,山东友谊出版社，1995.

19．王朝闻．中国民间美术全集·游艺编·木偶皮影卷．山东教育出版社,山东友谊出版社，1995．

20．黄少龙．泉州傀儡艺术概述．中国戏剧出版社，1996．

21．郭文华口述，叶明生，袁洪亮校注．福建上杭乱弹傀儡戏夫人传．施合郑民俗文化基金会《民俗曲艺丛书》．财团法人施合郑基金会，1996．

22．李怀荪．湖南省黔阳县湾溪乡的观音醮和辰河木偶戏香山．施合郑民俗文化基金会《民俗曲艺丛书》．财团法人施合郑基金会，1996.

23．细井尚子，山本宏子．泉州目连傀儡相关情况调查研究会论文集．日本目连傀儡研究会印行，1997.

24．吴乃宇记述，叶明生校订．福建寿宁四平傀儡戏华光奶娘传．施合郑民俗文化基金会《民俗曲艺丛书》．财团法人施合郑基金会，1997．

25．沉继生．晋江南派掌中木偶谭概．海峡文艺出版社，1998．

26．财团法人施合郑民俗文化基金会．民俗曲艺·福建民间仪式与戏剧．《民俗曲艺》第122—123期．财团法人施合郑基金会，2000.

27．吴乃宇记述，叶明生校订．福建寿宁四平傀儡戏华光传．施合郑民俗文化基金会《民俗曲艺丛书》．财团法人施合郑基金会，2000．

28．杨清意．香港传统木偶戏探源．香港．天地图书有限公司，2001．

29．曾金铮．傀儡戏·〈目连〉全簿．《泉州传统戏曲丛书》第10卷．中国戏剧出版社，2001．

30．黄少龙，曾金铮．傀儡戏·落笼簿．《泉州传统戏曲丛书》第11—13卷．中国戏剧出版社，2001.

31．张秀寅，王金坡口述．傀儡戏基本线规图像．《泉州传统戏曲丛书》第14卷．中国戏剧出版社，2001.

32．蔡俊抄．傀儡戏音乐曲牌．《泉州传统戏曲丛书》第15卷．中国戏剧出版社，2001.

33．财团法人施合郑民俗文化基金会．民俗曲艺·福建民间傀儡戏．《民俗曲艺》第135期．财团法人施合郑基金会，2002.

34．王景贤，白勇华．指掌乾坤——精彩绝伦木偶戏．福州．

海潮摄影艺术出版社，2006 .

35 . 孙欣 . 民间木偶 . 中国民间美术鉴赏丛书 . 江西美术出版社，2006 .

36 . 邱坤良 . 台湾地区悬丝傀儡戏、布袋戏、皮影戏资料综合收集整理计划报告（未出版）.

二、1991 年至今重要的偶戏研究论文

1. 吕理政. 演戏·看戏·写戏——台湾布袋戏的回顾与前瞻附录：台湾布袋戏参考资料简编. 民俗曲艺，1990（67–68）.

2. 刘霁、姜尚礼. 中国木偶艺术：文献资料书目选编. 北京：中国世界语出版社，1993：267–282.

3. 丁言昭. 论原始文化与木偶艺术的发生——一种文化模式的思考. 戏剧艺术，1991（4）.

4. 何明孝. 木偶戏音乐现状初探. 四川戏剧，1991（6）.

5. 焦锋. 聊借真人弄假人——木偶剧导演艺术初探. 中国戏剧，1992（9）.

6. 夫冰. 演活木偶丑角的艺术家——记木偶著名演员庄陈华. 中国戏剧，1992（11）.

7. 焦锋. 提线木偶与戏曲表演. 中国戏剧，1992（11）.

8. 丁言昭. 试论宋朝的肉傀儡. 上海师范大学学报：哲学社会科学版，1993（1）.

9. 丁世博. 壮族木偶戏脸谱的审美特征. 民族艺术，1993（2）.

10. 封保义. 扬州木偶艺术发展的三次飞跃. 艺术百家，1994（2）.

11. 顾朴光. 浅谈木偶艺术. 贵州民族学院学报：哲学社会科学版，1995（4）.

12. 邢公畹. 傀儡戏寻根. 寻根，1995（5）.

13. 焦锋. 木偶哑剧的品味、偶味、趣味. 中国戏剧，1995（6）.

14. 熊国安. 木偶戏舞台表演空间探微. 艺海，1997（2）.

15. 丁言昭. 木偶、皮影和宗教文化. 戏剧艺术，1997（3）.

16. 丁言昭. 偶人·人偶·人偶同台. 文艺研究，1997（3）.

17. 秦学人. 不可忽视的偶戏史料——古代咏偶戏诗汇释. 戏剧，1997（3）.

18. 康保成. 中国戏神初考. 文艺研究，. 1998（2）.

19. 麻国钧. 中、越水傀儡漫议——历史与现状. 戏剧，1998（4）.

20. 康保成. 中国戏神再考（上）. 中山大学学报：社会科学版，1998（6）.

21. 康保成. 中国戏神再考（下）. 中山大学学报：社会科学版，1999（1）.

22. 庄火明. 木偶儿童剧本创作浅论. 福建艺术，1999（1）.

23. 陈政. 颇具特色的石阡木偶戏. 贵州文史丛刊，1999（4）.

24. 劳升. 台湾布袋戏今昔. 民国春秋，1999（5）.

25. 丁言昭. 木偶工艺漫话. 上海工艺美术，2000（1）.

26. 丁言昭. 中德木偶文化交流简史. 德国研究，2000（1）.

27. 黄连金. 泉州木偶头雕刻的写意传统. 福建艺术，2000（2）.

28. 钟信仲. 论现代木偶艺术的创新和发展. 戏文，2000（6）.

29. 徐兆格. 平阳乡间的布袋戏. 戏文，2000（6）.

30. 刘焰星. 布袋木偶的舞台变革与舞美发展. 福建艺术，2001（4）.

31. 徐兆格. 衍续传承　枯木逢春——记平阳县木偶剧团. 戏文，2003（1）.

32. 朱静. 粤西单人木偶艺术. 广东艺术，2003（3）..

33. 康保成. 佛教与中国傀儡戏的发展. 民族艺术，2003（3）.

34. 黎国韬. 傀儡戏四说. 西域研究，2003（4）.

35. 朱哲. 西域木偶的艺术地位. 当代戏剧，2003（5）.

36. 赵发滨. 木偶剧表演艺术漫议. 戏剧文学，2003（10）.

37. 康保成. 补说“骷髅幻戏图”——兼说“骷髅”、“傀儡”及其与佛教的关系. 学术研究，2003（11）.

38. 夏荣峰. 让“死”木偶“活”在舞台上. 福建艺术，2004（1）.

39. 汪晓云. 侏儒与傀儡关系探源. 戏曲艺术，2004（2）.

40. 张影.“鲍老”“孛老”辨释. 艺术百家，2004（3）.

41. 汪晓云. 从木偶戏的演变看木偶与戏曲的原生关系. 四川戏剧，2004（3）.

后 记

2007年10月的一天，我接到了师母李树玲老师的电话，这成为答应撰写这本小册子的最初缘起。之后在10月底，我在黄天骥、康保成二位先生来北京开会之时，向刘魁立先生和两位导师承诺要在年底完成《偶戏》的撰写。导师告诉我，这本介绍偶戏的通俗读物，本准备约福建木偶戏史专家叶明生先生编撰，正巧叶先生出国访学，为保证在预定时间出版，因此把这个任务转给了我。

我一直很后悔贸然接受老师的嘱托。

记得在2000年的夏天，叶明生先生用口传身教的方式，让我在福建莆田的田野调查中体会了人类学调查方法的甘苦，也让我与木偶戏有了第一次亲密接触。之后的七年里，叶先生把关于木偶戏、莆仙戏的研究著述，不断地寄给我。那些形式多样的戏剧样式，一再地唤起我对乡土艺术的思考。可惜，我的知识储备仅及于此，对于撰写一本全面介绍偶戏的著作，备感吃力；当然，也为无意间僭越更有资格完成此书的师长们，备感惶恐。

为了能在限定时间完成承诺，我除了恶补相关知识外，尽量翻阅、领会目前可以见到的各种偶戏著述，并试图通过征引文献的方式，让有志于了解、研究偶戏的读者，借此熟悉为这一领域拓荒、探路的学者及其研究，并深入到中国偶戏的艺术之海中。鉴于这套丛书的普及特征和特定的编撰要求，我无法把最完备的引文出处及研究索引提供出来。但是，我仍然想在最后结稿的时候，把研究木偶戏的重要著作罗列出来，因为这本小册子许多地方的描述，都来自于这些前辈学者的研究，他们的智慧都通过综述或转引的方式，成了这本小册子的组成部分。因此，我在参考文献中主要罗列了偶戏研究著作和 1991 年之后的重要论文索引。这样正可以与《中国木偶艺术》附录的《中国木偶艺术文献资料书目选编》（截至 1991 年）以及吕理政编辑的《台湾布袋戏参考资料简编》两种书目，一起构成中国偶戏研究的全貌，以便于读者全面考察偶戏艺术。

需要特别提示的是，本书所配图片，除了署名的傅起凤老师、曹娟老师和我的部分积累外，其他均来自姜尚礼先生、刘文峰先生、祖京强先生、张乃峰、王学锋先生等师友的长期积累，以及《中国木偶艺术》、《中国民间美术全集》、《福建傀儡戏史》、《木偶或艺术》等著作中的图例。正是借助集体的力量，中国各地偶戏艺术的吉光片羽才会体现得具体而微。这正是我以及此书的读者应该首先感谢的。

此外，还要感谢吴秀慧老师、刘效民老师以及中国艺术研究院图书馆的各位老师，他们一直以来的学术支持和生活关照，保证了这部小书的尽快完成。李福标博士为本文的部分引文作了细致地校订，君子之交，淡如水，更浓于水，这正是需要倍加珍惜的。而李春园、杜康两位编辑的不断鼓励和辛勤劳动，让这本小书能够很快地呈现给读者，这是写书的人不能忘记的。

在写作过程中，我的爱友李春沐以及我们的父母、亲人一直给予美好的祝愿，这让我能够把学习中的许多心得，糅合在这本通俗读物中。在结束写作的时候，我突然意识到：有了父母、师长、亲人、朋友的爱，了解一件未知的事物才会变得愉快而欢欣。

记得10月陪两位导师匆匆看过“鸟巢”的外观之后，我们到了一家安静的鹿港小镇饮茶。几年的分别让我们倍觉亲切，也为短暂的会面增加了些许的惆怅。在那个时候，我突然想起了张尚德先生曾经吟咏过的一句话：“一回相见一回老，半是因缘半是情。”人是如此，未等到从容地为自己的选择负责的时候，因缘际遇就匆匆地催促着生命的老去！我总想做点有益于他人的事情，而今，依靠着众人的力量勉强写出了这本小册子。虽然充满了很多的缺陷，乃至错误，但我仍然希望它能有点用处！起码在奉行着“开卷有益”的读者那里，它可以作为一块入门的砖瓦，不但能够引出美玉，而且能够让读者不断地感受到砖瓦与美玉的因缘。

2008年岁初于北京东城之半月尺方斋

图书在版编目（CIP）数据

偶戏/王馗著. —北京：中国社会出版社，2007.10
（中国民俗文化丛书/刘魁立，张旭主编）
ISBN 978-7-5087-1939-9

Ⅰ. 偶… Ⅱ. 王… Ⅲ. 木偶剧—简介—中国 Ⅳ. J827

中国版本图书馆 CIP 数据核字（2007）第 157134 号

丛 书 名：中国民俗文化丛书
主　　编：刘魁立　张　旭
书　　名：偶　戏
著　　者：王　馗
策划编辑：李春园
责任编辑：李春园

出版发行：中国社会出版社　　　邮政编码：100032
通联方法：北京市西城区二龙路甲 33 号新龙大厦
电　话：(010)66051698　　电　传：(010)66051713
邮购部：(010)66060275
经　　销：各地新华书店

印刷装订：北京凯达印务有限公司
开　　本：155mm×205mm　16 开
印　　张：15
字　　数：130 千字
版　　次：2008 年 3 月第 1 版
印　　次：2008 年 3 月第 1 次印刷
定　　价：25.00 元